D1935208

Christus klopft an unsere Herzen

PAPST FRANZISKUS

Christus klopft an unsere Herzen

24 Impulse im Advent

benno

Bibliografische Information der Deutschen Nationalbibliothek
Die Deutsche Nationalbibliothek verzeichnet diese
Publikation in der Deutschen Nationalbibliografie;
detaillierte bibliografische Daten sind im Internet unter
http://dnb.d-nb.de abrufbar.

Alle Papsttexte: © Libreria Editrice Vaticano, Cittá del Vaticano

Alle Bibeltexte: Einheitsübersetzung der Heiligen Schrift
© 1980 Katholische Bibelanstalt, Stuttgart

Besuchen Sie uns im Internet:
www.st-benno.de

Gern informieren wir Sie unverbindlich und aktuell
auch in unserem Newsletter zum Verlagsprogramm,
zu Neuerscheinungen und Aktionen.
Einfach anmelden unter www.st-benno.de.

ISBN 978-3-7462-4402-0

© St. Benno-Verlag GmbH, Leipzig
Zusammenstellung: Claudia Michels, Leipzig
Umschlaggestaltung: birq design, Leipzig
Umschlagabbildung: © picture alliance/Pressefoto Ulmer (Porträt),
© norbel/fotolia
Gesamtherstellung: Kontext, Lemsel (A)

Inhalt

1. Dezember
Gott kommt zu uns 7

2. Dezember
Wachwerden für Gott 9

3. Dezember
Der Sehnsucht trauen 12

4. Dezember
Hoffnung wagen 19

5. Dezember
Jesus ermutigt zur Hoffnung 23

6. Dezember [2.Advent]
Jesus ermutigt zur Liebe 25

7. Dezember
Tröste mein Gemüt! 28

8. Dezember
Maria folgt ihrer Berufung 32

9. Dezember
Maria, wir beten zu dir 36

10. Dezember
Lebt die Liebe Gottes! 38

11. Dezember
Habt keine Angst! 42

12. Dezember
Freude im Advent 44

13. Dezember [3. Advent]
Sehnsucht nach Freude 48

14. Dezember
Vertrauen wagen 51

15. Dezember
Mut zum Gebet 53
16. Dezember
Gnade empfangen 56
17. Dezember
Gottes Liebe spüren 57
18. Dezember
Erlöser, wahrer Gott 61
19. Dezember
Im Licht der Herrlichkeit Gottes 64
20. Dezember [4. Advent]
Mit Gottes Barmherzigkeit 69
21. Dezember
Gott wird Kind 73
22. Dezember
Sich dem Kind nähern 78
23. Dezember
Vater der Barmherzigkeit 81
24. Dezember
Er schließt wieder auf die Tür 85

1. Dezember

Gott kommt zu uns

Das Wichtigste, was einem Menschen geschehen kann, ist, Jesus zu begegnen: diese Begegnung mit Jesus, der uns liebt, der uns gerettet hat, der sein Leben für uns hingegeben hat. Jesus begegnen. Und wir sind auf dem Weg, um Jesus zu begegnen. Wir können uns die Frage stellen: Aber wann begegne ich Jesus? Erst am Ende? Nein, nein! Wir begegnen ihm jedem Tag. Aber wie das? Im Gebet, wenn du betest, begegnest du Jesus. Wenn du die Kommunion empfängst, begegnest du Jesus. In den Sakramenten: Wenn du dein Kind taufen lässt, begegnest du Jesus, findest du Jesus.

Auch nach der Firmung ist das ganze Leben eine Begegnung mit Jesus: im Gebet, wenn wir in die Messe gehen, wenn wir ein gutes Werk tun, wenn wir Kranke besuchen, wenn wir einem Armen helfen, wenn wir an die anderen denken, wenn wir keine Egoisten sind, wenn wir liebenswürdig sind, dabei begegnen wir immer Jesus. Und der Weg des Lebens ist genau dies: unterwegs sein, um Jesus zu begegnen.

Und der Weg des Lebens ist genau dies: unterwegs sein, um Jesus zu begegnen.

Denkt immer daran: das Leben ist ein Weg. Es ist ein Weg. Ein Weg, um Jesus zu begegnen. Am Ende und immer. Ein Weg, auf dem wir Jesus nicht begegnen, das ist kein christlicher Weg. Es ist ein Merkmal des Christen, immer Jesus zu begegnen, ihn zu betrachten, sich von Jesus anschauen zu lassen, denn Jesus blickt mit Liebe auf uns, er liebt uns so sehr, er will unser Bestes, und er blickt immer auf uns. Jesus zu begegnen, bedeutet auch, dich von ihm anblicken zu lassen.

Ich bin gekommen für die, die Gesundheit und Heilung brauchen, und Jesus heilt unsere Sünden. Und auch wenn wir alle Sünder, alle, alle sind wir Sünder auf dem Weg irren, wenn wir eine Sünde begehen, wenn wir sündigen, kommt Jesus und vergibt uns. Und diese Vergebung, die wir in der Beichte empfangen, ist eine Begegnung mit Jesus. Immer begegnen wir Jesus.

Gehen wir im Leben so voran, wie der Prophet sagt, zum Berg, bis zum Tag, an dem die endgültige Begegnung stattfinden wird, wo wir diesen schönen, sehr schönen Blick Jesu werden sehen können. Das ist das christliche Leben: auf dem Weg sein, voran gehen, vereint als Brüder, die einander lieben. Jesus begegnen.

Jesus blickt mit Liebe auf uns, er liebt uns so sehr, er will unser Bestes.

Seid mutig, habt keine Angst! Das Leben ist dieser Weg. Und das schönste Geschenk ist es, Jesus zu begegnen. Vorwärts, nur Mut!

Predigt am 1. Dezember 2013

2. Dezember

Wachwerden für Gott

Maria und Josef mussten ihre Heimat verlassen, ihre Lieben und ihre Freunde. Sie mussten ihre Sachen zurücklassen und in ein anderes Land gehen. Ein Land, wo sie keinen kannten, kein Heim hatten, keine Familie. In jenem Moment bekam das junge Paar ihr Kind Jesus. In jener Situation, in einem wie eben möglich hergerichteten Stall, hat das junge Paar uns Jesus zum Geschenk gemacht. Sie waren allein, in einem fremden Land, sie drei. Auf einmal fanden sich Leute ein: Hirten, Menschen wie sie, die ihre eigene Umgebung verlassen mussten, um bessere familiäre Möglichkeiten zu erlangen. Ihr Leben war an die Unbilden des Wetters und an andere Härten gebunden.

Die Geburt Jesu macht unser Leben wach.

Als sie von der Geburt Jesu erfuhren, näherten sie sich, wurden zu Nächsten, traten als Nachbarn auf. Sie wurden gleich zur Familie Marias und Josefs. Zur Familie Jesu.

Das passiert, wenn Jesus in unser Leben tritt. Das ist es, was den Glauben weckt. Der Glaube macht uns zu Nächsten, er lässt uns dem Leben der anderen am nächsten sein; er nähert uns an an das Leben der anderen. Der Glaube weckt unseren Einsatz für die anderen, der Glaube weckt unsere Solidarität: eine menschliche und christliche Tugend, die ihr habt und die sehr viele haben und die wir erlernen müssen. Die Geburt Jesu macht unser Leben wach. Ein Glauben, der nicht zur Solidarität wird, ist ein toter Glaube oder ein verlogener Glaube. Wenn du zur Sonntagsmesse gehst, aber kein solidarisches Herz hast – nicht weißt, was in deinem Volk geschieht –, ist dein Glaube sehr schwach oder krank oder tot. Es ist ein Glaube ohne Christus. Ein Glaube ohne Solidarität ist ein Glaube ohne Christus, ein Glaube ohne Gott, ein Glaube ohne Geschwister. Und so kommt jener Ausspruch zustande –ich hoffe, ich habe ihn richtig behalten –, der dieses Problem des Glaubens ohne Solidarität auf den Punkt bringt: „Ein Gott ohne Volk, ein Volk ohne Geschwister, ein Volk ohne Jesus." Das ist der Glaube ohne Solidarität. Gott stellte sich in die Mitte seines Volkes, das er erwählt hatte, um es zu begleiten, und er sandte seinen Sohn zu diesem Volk, um es zu retten, um ihm zu helfen. Gott machte sich solidarisch mit jenem Volk, und Jesus hatte kein Problem, herabzusteigen, sich zu demütigen, sich niederzubeugen und schließlich für jeden von uns zu sterben – aus dieser brüderlichen Solidarität heraus, einer Solidarität, die aus der Liebe erwuchs, die er für seinen Vater hatte, und aus der Liebe zu uns.

Der Glaube, den Jesus weckt, ist ein Glaube, der die Fähigkeit hat, die Zukunft zu träumen.

Wie ich schon sagte: Der erste, der solidarisch war, ist der Herr gewesen, der sich entschied, unter uns, in unserer Mitte zu leben. Und ich komme hier wie jene Hirten, die in Betlehem waren. Ich möchte Nächster werden. Ich möchte euren Glauben segnen, ich möchte eure Hände segnen, ich möchte eure Gemeinschaft segnen. Ich bin gekommen, um mit euch Dank zu sagen, weil der Glaube zur Hoffnung geworden und eine Hoffnung ist, welche die Liebe angeregt hat. Der Glaube, den Jesus weckt, ist ein Glaube, der die Fähigkeit hat, die Zukunft zu träumen und für sie in der Gegenwart zu kämpfen. Gerade deshalb möchte ich euch ermutigen, weiter Missionare dieses Glaubens zu sein, weiter diesen Glauben auf diesen Straßen und diesen Pfaden zu verbreiten. Dieser Glaube, der uns solidarisch macht untereinander ebenso wie mit unserem großen Bruder Jesus und unserer Mutter Maria.

Indem ihr euch besonders zum Nächsten der Jüngsten und der älteren Menschen macht. Indem ihr euch zur Stütze der jungen Familien macht sowie jener, die schwierige Momente durchmachen. Vielleicht ist die stärkste Botschaft, die ihr an die anderen weitergeben könnt, dieser solidarische Glauben.
Ich möchte für unsere Familien beten und die Heilige Familie bitten, dass ihr Modell, ihr Zeugnis weiterhin Licht auf dem Weg ist, Ansporn in schwierigen Momenten, und dass sie uns die Gnade eines Geschenks gewähre, das wir gemeinsam erbitten, wir alle: dass die Heilige Familie uns „Hirten" schenke, dass sie uns Priester und Bischöfe schenke, die fähig sind, das Leben unserer Familien zu begleiten, zu stützen und zu stimulieren. Die fähig sind, jenen solidarischen Glauben wachsen zu lassen, der nie besiegt wird.
Beten wir nun gemeinsam zu unserem Vater, der uns zu Geschwistern macht, der uns unseren großen Bruder, seinen Sohn Jesus, gesandt hat und der uns eine Mutter gegeben hat, die uns begleitet.

Ansprache in Asunción am 12. Juli 2015

3. Dezember

Der Sehnsucht trauen

Wir wollen über die sechste Seligpreisung nachdenken: „Selig, die ein reines Herz haben; denn sie werden Gott schauen.“ (Mt 5,8)

1. Die Sehnsucht nach Glück

Das Wort selig – das heißt glücklich – erscheint neunmal in dieser ersten großen Predigt Jesu (vgl. Mt 5,1-12). Es ist wie ein Refrain, der uns an den Ruf Jesu erinnert, gemeinsam mit ihm einen Weg zu gehen, der ungeachtet aller Herausforderungen der Weg zum wahren Glück ist.
Ja, die Suche nach dem Glück ist allen Menschen aller Zeiten und jeden Alters gemeinsam. Gott hat jedem Mann und jeder Frau eine unbezwingbare Sehnsucht nach Glück, nach Fülle ins Herz gelegt. Spürt ihr nicht, dass eure Herzen unruhig sind und ständig auf der Suche nach einem Gut, das ihren Durst nach Unendlichkeit stillen kann?
Die ersten Kapitel aus dem Buch Genesis zeigen uns die wunderbare Seligkeit, zu der wir berufen sind und die in dem vollen Einklang mit Gott, mit den anderen, mit der Natur und mit uns selbst besteht. Der freie Zugang zu Gott, die Vertrautheit mit ihm und seine Schau war vom Anfang der Menschheit an Teil von Gottes Plan für sie und bewirkte, dass das göttliche Licht alle menschlichen Beziehungen mit Wahrheit und Transparenz durchdrang. In diesem Zustand ursprünglicher Reinheit gab es keine „Masken“, keine Winkelzüge, keine Gründe, sich voreinander zu verstecken. Alles war durchsichtig und klar.

Als der Mann und die Frau der Versuchung nachgeben und die Beziehung einer vertrauensvollen Gemeinschaft mit Gott brechen, tritt die Sünde in die menschliche Geschichte ein (vgl. Gen 3). [...] Von jenem Moment an ist der direkte Zugang zur Gegenwart Gottes nicht mehr möglich. [...] Der innere „Kompass", der sie in ihrer Suche nach dem Glück leitete, verliert seinen Bezugspunkt, und die Verlockungen der Macht, des Besitzes und das Verlangen nach Vergnügen um jeden Preis führen sie in den Abgrund der Traurigkeit und der Angst.

Gott hat jedem eine unbezwingbare Sehnsucht nach Glück, nach Fülle ins Herz gelegt.

In Christus findet sich die vollkommene Erfüllung eurer Träume von Güte und Glück. Er allein kann eure Erwartungen befriedigen, die so oft aufgrund von falschen weltlichen Versprechungen enttäuscht wurden. Der heilige Johannes Paul II. sagte dazu: „ Er ist die Schönheit, die euch so anzieht; Er ist es, der euch provoziert mit jenem Durst nach Radikalität, der euch keine Anpassung an den Kompromiss erlaubt; Er ist es, der euch dazu drängt, die Masken abzulegen, die das Leben verfälschen; Er ist es, der in euren Herzen die wahreren Entscheidungen herausliest, die andere am liebsten ersticken würden. Jesus ist es, der in euch etwas entfacht: die Sehnsucht, aus eurem Leben etwas Großes zu machen" (bei der Gebetswache Tor Vergata, 19. August 2000).

2. Selig, die ein reines Herz haben...

Wie aber nimmt diese Seligkeit ihren Weg über die Reinheit des Herzens?
Zuallererst müssen wir die biblische Bedeutung des Wortes

Herz verstehen. Für die hebräische Kultur ist das Herz das Zentrum der Gefühle, der Gedanken und der Absichten des Menschen. Wenn die Bibel uns lehrt, dass Gott nicht auf das schaut, was vor den Augen ist, sondern auf das Herz (vgl. 1 Sam 16,7), dann können wir auch sagen, dass es unser Herz ist, von dem aus wir Gott schauen können. Und das, weil das Herz den Menschen in seiner Ganzheit und Einheit von Leib und Seele zusammenfasst, in seiner Fähigkeit, zu lieben und geliebt zu werden. [...]

In Christus findet sich die vollkommene Erfüllung eurer Träume von Güte und Glück.

Worin besteht also die Seligkeit, die aus einem reinen Herzen entspringt? Aus der Liste der von Jesus aufgezählten Übel, die den Menschen unrein machen, ersehen wir, dass das Problem vor allem den Bereich unserer Beziehungen betrifft. Jeder von uns muss lernen zu unterscheiden, was sein Herz „verunreinigen" kann, und sich ein aufrichtiges, feines Gewissen bilden, das fähig ist, zu „prüfen und erkennen ... was der Wille Gottes ist: was ihm gefällt, was gut und vollkommen ist" (Röm 12,2). Wenn für die Bewahrung der Schöpfung, für die Reinheit der Luft, des Wassers und der Nahrung eine gesunde Aufmerksamkeit notwendig ist, um wie viel mehr müssen wir dann die Reinheit dessen schützen, was uns am kostbarsten ist: unsere Herzen und unsere Beziehungen. Diese „menschliche Ökologie" wird uns helfen, die reine Luft zu atmen, die aus den schönen Dingen, der echten Liebe, der Heiligkeit hervorgeht.

Einmal habe ich euch die Frage gestellt: „ Wo ist dein Schatz? ... Auf welchem Schatz ruht dein Herz?" (Interview mit Jugendlichen aus Belgien, 31. März 2014). Ja, unsere Herzen können sich an wahre oder an falsche Schätze hängen, können eine echte Ruhe finden oder einschlummern, indem sie träge und abgestumpft werden. Das kostbarste Gut, das wir im Leben haben können, ist unsere Beziehung zu Gott. Seid ihr davon überzeugt? Ist euch bewusst, wie unschätzbar wertvoll ihr in Gottes Augen seid? Wisst ihr, dass ihr von ihm bedingungslos geliebt und angenommen werdet, so wie ihr seid? Wenn diese Wahrnehmung schwindet, wird das Menschsein ein unverständliches Rätsel, denn gerade das Wissen darum, dass wir von Gott bedingungslos geliebt werden, verleiht unserem Leben Sinn. Erinnert ihr euch an das Gespräch Jesu mit dem reichen jungen Mann (vgl. Mk 10,17-22)? Der Evangelist Markus vermerkt, dass der Herr ihn ansah und ihn liebte (vgl. V. 21) und ihn dann einlud, ihm zu folgen, um den wahren Schatz zu finden. Ich wünsche euch, dass dieser liebevolle Blick Christi euch euer ganzes Leben hindurch begleiten möge. [...]

Ist euch bewusst, wie unschätzbar wertvoll ihr in Gottes Augen seid?

Wie viel Kraft steckt in dieser Fähigkeit, zu lieben und geliebt zu werden! Lasst nicht zu, dass dieser kostbare Wert verfälscht, zerstört oder verdorben wird. Das geschieht, wenn in unsere Beziehungen die Instrumentalisierung des Nächsten für die eigenen egoistischen Zwecke – manchmal als bloßes Lustobjekt – eindringt. Nach diesen negativen Erfahrungen bleiben im Herzen Verletzung und Traurigkeit zurück. Ich bitte euch: Habt keine Angst vor einer wahren Liebe, wie Jesus sie uns lehrt und die der heilige Paulus so umreißt: „Die Liebe ist langmütig, die Liebe ist gütig. Sie ereifert sich nicht, sie prahlt nicht, sie bläht sich nicht auf. Sie handelt nicht ungehörig, sucht nicht ihren Vorteil, lässt sich nicht zum Zorn reizen, trägt das Böse nicht nach. Sie freut sich nicht über das Unrecht, sondern freut sich an der Wahrheit. Sie erträgt

alles, glaubt alles, hofft alles, hält allem stand. Die Liebe hört niemals auf“ (1 Kor 13,4-8).
Indem ich euch einlade, die Schönheit der menschlichen Berufung zur Liebe neu zu entdecken, fordere ich euch auch auf, euch der verbreiteten Tendenz zur Banalisierung der Liebe zu widersetzen. [...]

3. ... denn sie werden Gott schauen

Im Herzen jedes Mannes und jeder Frau erklingt unentwegt die Einladung des Herrn: „Sucht mein Angesicht!“ (Ps 27,8). Zugleich müssen wir uns immer mit unserer ärmlichen Lage als Sünder auseinandersetzen. Es ist das, was wir zum Beispiel im Buch der Psalmen lesen: „Wer darf hinaufziehen zum Berg des Herrn, wer darf stehn an seiner heiligen Stätte? Der reine Hände hat und ein lauteres Herz“ (Ps 24,3-4). Doch wir dürfen weder Angst haben noch den Mut verlieren: In der Bibel und in der Geschichte eines jeden von uns sehen wir, dass immer Gott den ersten Schritt tut. Er ist es, der uns läutert, damit wir Zugang erlangen zu seiner Gegenwart.
Als der Prophet Jesaja die Berufung des Herrn empfing, in seinem Namen zu sprechen, erschrak er und sagte: „Weh mir, ich bin verloren. Denn ich bin ein Mann mit unreinen Lippen“ (Jes 6,5). Der Herr aber reinigte ihn, indem er ihm einen Engel sandte, der seinen Mund berührte und ihm sagte: „Deine Schuld ist getilgt, deine Sünde gesühnt“ (V. 7). Im Neuen Testament, als Jesus am See von Gennesaret seine ersten Jünger rief und das Wunder des außerordentlichen Fischfangs wirkte, fiel Simon Petrus ihm zu Füßen und sagte: „Herr, geh weg von mir; ich bin ein Sünder“ (Lk 5,8). Die

Antwort ließ nicht auf sich warten: „Fürchte dich nicht! Von jetzt an wirst du Menschen fangen" (V. 10). Und als einer der Jünger Jesu ihn bat: „Herr, zeig uns den Vater; das genügt uns", antwortete der Meister: „Wer mich gesehen hat, hat den Vater gesehen" (Joh 14,8-9).

Die Einladung des Herrn, ihm zu begegnen, ist darum an jeden von euch gerichtet, an welchem Ort und in welcher Lage auch immer er sich befindet. Es genügt, „den Entschluss zu fassen, sich von ihm finden zu lassen, ihn jeden Tag ohne Unterlass zu suchen. Es gibt keinen Grund, weshalb jemand meinen könnte, diese Einladung gelte nicht ihm" (Apostolisches Schreiben Evangelii gaudium, 3). Wir alle sind Sünder und haben es nötig, vom Herrn gereinigt zu werden. Doch es reicht, einen kleinen Schritt auf Jesus zuzugehen, um zu entdecken, dass er uns immer mit offenen Armen erwartet, besonders im Sakrament der Versöhnung, einer bevorzugten Gelegenheit für die Begegnung mit der göttlichen Barmherzigkeit, die unsere Herzen reinigt und neu belebt.

Es reicht, einen kleinen Schritt auf Jesus zuzugehen, um zu entdecken, dass er uns immer mit offenen Armen erwartet.

Ja, der Herr will uns begegnen, sich von uns „schauen" lassen. „Und wie?", könnt ihr mich fragen. Auch die heilige Teresa von Ávila, die vor genau 500 Jahren in Spanien geboren wurde, sagte schon als kleines Mädchen zu ihren Eltern: „Ich will Gott sehen." Später hat sie den Weg des Gebetes entdeckt als „eine innige freundschaftliche Beziehung zu dem, von dem wir uns geliebt fühlen" (Das Buch meines Lebens, 8,5). Deshalb frage ich euch: Betet ihr? Wisst ihr, dass ihr mit Jesus, mit dem Vater, mit dem Heiligen Geist sprechen könnt, wie man mit einem Freund spricht? Und nicht mit irgendeinem Freund, sondern mit eurem besten und vertrauenswürdigsten Freund! Versucht es einmal, in Einfachheit. Ihr werdet das entdecken, was ein Bauer aus Ars zu dem heiligen Pfarrer seines Dorfes sagte: „Ich schaue ihn an, und er schaut mich an“, wenn ich vor dem Tabernakel bete (Katechismus der Katholischen Kirche, 2715).

Aufgrund eures „Ja“ zum Ruf des Herrn werdet ihr neues Saatgut der Hoffnung.

Die Begegnung mit Gott im Gebet, durch die Lektüre der Bibel und im brüderlichen Leben wird euch helfen, den Herrn und euch selbst besser zu kennen. Wie es den Emmaus-Jüngern erging (vgl. Lk 24,13-35), wird die Stimme Jesu eure Herzen entflammen, und es werden euch die Augen aufgehen, um seine Gegenwart in eurer Geschichte zu erkennen. Und so werdet ihr den Plan der Liebe entdecken, den er für euer Leben hat.

[...] Fragt euch mit lauterem Herzen, und habt keine Angst vor dem, was Gott von euch erbittet! Aufgrund eures „Ja“ zum Ruf des Herrn werdet ihr neues Saatgut der Hoffnung in der Kirche und in der Gesellschaft werden. Vergesst nicht: Der Wille Gottes ist unser Glück!

„Selig, die ein reines Herz haben; denn sie werden Gott schauen“ (Mt 5,8). Wie ihr seht, betrifft diese Seligpreisung hautnah euer Leben und ist eine Gewähr für euer Glück. Darum wiederhole ich es euch noch einmal:
Habt den Mut, glücklich zu sein!

Botschaft zum XXX.. Weltjugendtag in Krakau am 31. Januar 2015

4. Dezember

Hoffnung wagen

Ich warne euch vor der Versuchung, der viele gute Leute ausgesetzt sind: Nur dem Schein nach Christen zu sein, als Christen zurechtgemacht mit Schminke, die bereits bei den ersten Regentropfen zerläuft. Nehmt euch ein Beispiel an den Zeugnissen der wirklichen Christen, die ihr Leben auf dem Felsen Jesu erbauen und eine verborgene Heiligkeit im Alltag leben.

Im Buch Jesaja (26, 1-6) und dem Matthäusevangelium (7,21.24-27) wird über die Stärke eines Christen und über die Schwäche gesprochen, über Fels und Sand. In der Tat ist der Christ dann stark, wenn er nicht nur behauptet, Christ zu sein, sondern wenn er ein christliches Leben führt, wenn er die christliche Lehre, das Wort Gottes, die Gebote, die Seligpreisungen in die Praxis umsetzt. Der zentrale Punkt ist das In-die-Praxis-umsetzen.

Wir müssen den Willen des himmlischen Vaters erfüllen und nach seinen Worten handeln.

Es gibt allerdings auch Christen, die nur dem äußeren Anschein nach Christen sind: Menschen, die sich als Christen zurechtschminken und in dem Moment, wo sie auf die Probe gestellt werden, nur Schminke aufweisen können. [...] Es reicht keineswegs aus zu sagen: „Ich bin ein Christ, Herr", um es wirklich zu sein. Jesus selbst sagt, dass es nicht ausreicht, „Herr! Herr!" zu rufen, um in sein Reich zu kommen. Vielmehr muss man den Willen des Vaters erfüllen und nach seinen Worten handeln. Das also ist der Unterschied zwischen denen, die ein christliches Leben führen, und denen, die nur dem Schein nach Christen sind.

Es ist ganz offenkundig, wie uns der Herr haben will. Vor allem hat ein wirklicher Christ auf Fels gebaut. Paulus sagt dies ganz klar, als er über das Wasser spricht, das in der Wüste aus dem Felsen quoll: der Fels war Christus, der Fels ist Christus. Das ist das Einzige, was wirklich zählt, dass Jesus das Fundament ist, die Nachfolge Jesu auf dem Weg Jesu. Ich selbst bin vielen Menschen begegnet, die nicht schlecht waren, gute Menschen, die aber Opfer dieser Manie des „Schein-Christentums" waren. Leute, die über sich selbst gesagt hätten: „Ich komme aus einer sehr katholischen Familie. Ich bin Mitglied dieser Vereinigung und ein Wohltäter jener anderen." Aber die eigentliche Frage, die an diese Leute gestellt werden sollte, lautet: „Sag mir, ist dein Leben auf Jesus gebaut? Worauf setzt du deine Hoffnung? Auf den Felsen oder auf den äußeren Schein?" Wichtig ist also, auf Fels gebaut zu haben.

Sag mir, ist dein Leben auf Jesus gebaut? Worauf setzt du deine Hoffnung?

Im Übrigen haben wir viele Schein-Christen gesehen, die bereits bei den ersten Versuchungen zusammenbrechen, also unter dem Regen. Sobald die Flüsse über die Ufer steigen, wenn die Winde blasen – also die Versuchungen und Prüfungen des Lebens –, fällt ein Schein-Christ, weil er keine Substanz hat, weil da kein Fels ist, weil Christus fehlt. Andererseits gibt es die vielen Heiligen, die wir im Gottesvolk haben – nicht notwendigerweise heiliggesprochen, aber dennoch sind sie Heilige! –, viele Männer und Frauen, die ihr Leben in Christus leben, die die Gebote in die Praxis umsetzen, die die Liebe Jesu in die Praxis umsetzen. Sehr viele! Ich möchte an ihr Zeugnis erinnern: Denken wir an die Kleinsten; an die Kranken, die ihr Leiden für die Kirche, für die anderen Menschen aufopfern. Denken wir an unzählige einsame alte Menschen, die beten und opfern. Denken wir an die vielen

Mütter und Familienväter, die unter großen Mühen ihre Familien ernähren, die Kinder erziehen, ihrer alltäglichen Arbeit nachgehen, sich mit Problemen herumschlagen, aber stets ihre Hoffnung auf Jesus setzen, und die nicht damit prahlen, die aber alles tun, wozu sie imstande sind.
Es gibt Heilige des Alltags. Denkt an viele Priester, die nicht in Erscheinung treten, aber mit sehr viel Liebe in ihren Pfarrgemeinden arbeiten: Katechismusunterricht für die Kinder, Fürsorge für alte Menschen, für die Kranken, die Vorbereitung von Brautpaaren. Und es ist jeden Tag immer dasselbe, dasselbe, dasselbe. Es wird ihnen nicht langweilig, weil sie auf Fels gebaut haben. Sie sind Menschen, die in Jesus leben: Gerade das ist es, was der Kirche Heiligkeit verleiht; das ist es, was Hoffnung schenkt.

Christen, die auf den Felsen gebaut haben, und die erkannt haben, dass der Fels Christus ist: Sie folgen dem Weg Jesu, sie folgen Ihm.

Gerade deshalb müssen wir viel über diese verborgene Heiligkeit nachdenken, die es in der Kirche gibt, die Heiligkeit jener Christen, die nicht dem Schein nachlaufen, sondern die auf den Felsen, auf Jesus, gebaut haben. Man muss sich an diesen Christen orientieren, die dem Rat Jesu folgen, den er beim letzten Abendmahl gegeben hat: „Bleibt in mir." Ja, seid Christen, die in Jesus bleiben. […]
Gerade in dieser Zeit der Vorbereitung auf Weihnachten wollen wir den Herrn darum bitten, fest auf den Fels gegründet zu sein, der Er ist; Er ist unsere Hoffnung. Es sei wahr, dass wir alle Sünder sind. Wir sind schwach, aber wenn wir unsere Hoffnung auf Ihn setzen, dann können wir vorangehen. Und das ist die Freude des Christen: zu wissen, dass es in Ihm Hoffnung, Vergebung, Frieden, Freude gibt. Daher macht es

keinen Sinn, unsere Hoffnung in Dinge zu setzen, die heute sind, und morgen nicht mehr sein werden.

Frühmesse am 4. Dezember 2014

Jesus ermutigt zur Hoffnung

Ein Mann, der von seinen vielen Sünden erlöst wurde und wird. Und als solcher stelle ich mich vor. Vielmehr habe ich euch nicht zu geben oder anzubieten, doch was ich habe und was ich liebe, ja, das möchte ich euch geben, möchte es mit euch teilen: Es ist Jesus, Jesus Christus, die Barmherzigkeit des Vaters.

Er ist gekommen, um uns die Liebe zu zeigen und sichtbar zu machen, die Gott zu uns hat. Zu euch, zu dir, zu dir, zu mir. Eine tätige, echte Liebe. Eine Liebe, welche die Wirklichkeit der Ihren ernst nahm. Eine Liebe, die heilt, vergibt, aufrichtet und pflegt. Eine Liebe, die Nähe schenkt und Würde zurückgibt. Eine Würde, die wir in vielerlei Art und Weise verlieren können. Doch Jesus ist darin hartnäckig: Er gab sein Leben dafür, um uns unsere verlorene Identität zurückzugeben, um uns mit der ganzen Kraft seiner Würde zu bekleiden.

Er ist gekommen, um uns die Liebe zu zeigen und sichtbar zu machen, die Gott zu uns hat.

Wenn nämlich Jesus in das Leben eintritt, bleibt man nicht in der Vergangenheit verhaftet, sondern beginnt, die Gegenwart in einer anderen Weise, mit einer anderen Hoffnung zu sehen. Man beginnt, sich selbst, seine eigene Wirklichkeit mit anderen Augen zu sehen. Man bleibt nicht an das gekettet, was geschehen ist, sondern ist fähig, zu weinen und so die Kraft zu einem neuen Anfang zu finden. Und wenn wir in manchen Momenten traurig sind, uns schlecht und niedergeschlagen fühlen, dann lade ich euch ein, auf das Antlitz des gekreuzigten Jesus zu schauen. In seinem Blick können wir alle Platz finden. Alle können wir vor ihm unsere Verwundungen, unsere Leiden ebenso wie auch unsere Fehler, unsere Sünden niederlegen – so viele Dinge, in denen wir uns verfehlt haben können. In den Wunden Jesu finden unsere Wunden Platz. Denn alle sind wir in der einen oder anderen Weise verwundet. Unsere Wunden in die Wunden Jesu tragen. Und wozu? Damit sie gepflegt, reingewaschen, verwandelt und in ein neues Leben geführt werden. Er starb für euch, für mich, um uns seine Hand zu reichen und uns hochzuziehen. Sprecht, redet mit den Priestern, die kommen, redet mit ihnen! Sprecht mit den Brüdern und Schwestern, die kommen, redet mit ihnen! Redet mit allen, die kommen, um euch von Jesus zu sprechen. Jesus will uns immer hochziehen.

Redet mit allen, die kommen, um euch von Jesus zu sprechen. Jesus will uns immer hochziehen.

Und diese Gewissheit macht uns bereit, für unsere Würde zu arbeiten.

Gott, unser Vater, schaue auf unser Herz;
Gott, unser Vater, der uns liebt,
schenke uns seine Kraft, seine Geduld,
seine väterliche Zärtlichkeit und segne uns.
Im Namen des Vaters, des Sohnes und des Heiligen Geistes.
Amen.

Ansprache in Santa Cruz am 10. Juli 2015

Jesus ermutigt zur Liebe

2. Adventssonntag

Eine Stimme ruft in der Wüste: /
Bereitet dem Herrn den Weg! / Ebnet ihm die Straßen!
Jede Schlucht soll aufgefüllt werden, /
jeder Berg und Hügel sich senken. Was krumm ist, soll gerade werden, / was uneben ist, soll zum ebenen Weg werden.
Und alle Menschen werden das Heil sehen, das von Gott kommt. Lk 3, 4-6

Die Gegenwart Gottes inmitten der Menschheit wurde nicht in einer idealen, idyllischen Welt verwirklicht, sondern in dieser realen Welt, die von vielen guten und schlechten Dingen geprägt ist, die geprägt ist von Spaltungen, Bosheit, Armut, Unterdrückung und Krieg. Er hat beschlossen, in unserer Geschichte zu wohnen, so wie sie ist, mit der ganzen Last ihrer Grenzen und ihrer Dramen. Dadurch hat er auf unübertreffliche Weise seine barmherzige und liebevolle Zuneigung zu den menschlichen Geschöpfen gezeigt. Er ist der Gott mit uns; Jesus ist Gott mit uns. [...] Bekennen wir gemeinsam: Jesus ist Gott mit uns! Jesus ist Gott mit uns, seit jeher und für immer, im Leiden und in den Schmerzen der Geschichte. Die Geburt Jesu ist die Offenbarung, dass Gott sich ein für alle Mal „auf die Seite des Menschen gestellt" hat, um uns zu retten, um uns aus dem Staub unseres Elends, unserer Schwierigkeiten, unserer Sünden zu erheben. Von hier kommt das große „Geschenk" des Kindes von Betlehem: Es bringt uns eine geistliche Kraft,

Die Geburt Jesu ist die Offenbarung, dass Gott sich ein für alle Mal „auf die Seite des Menschen gestellt" hat, um uns zu retten.

eine Kraft, die uns hilft, nicht in unseren Mühen, in unserer Verzweiflung, in unserer Traurigkeit zu versinken, weil es eine Kraft ist, die das Herz erwärmt und verwandelt. Denn die Geburt Jesu bringt uns die schöne Nachricht, dass wir unendlich und in einzigartiger Weise von Gott geliebt sind, und diese Liebe lässt uns ihn nicht nur kennenlernen, sondern sie schenkt ihn uns, sie teilt ihn uns mit!

Der freudigen Betrachtung des Geheimnisses des Sohnes Gottes, der für uns geboren wurde, können wir zwei Überlegungen entnehmen.

Die erste: Da Gott sich im Weihnachtsfest nicht als einer offenbart, der sich hoch oben befindet und das Universum beherrscht, sondern als jener, der sich erniedrigt, der klein und arm in die Welt herabkommt, dann bedeutet es, dass wir, um ihm ähnlich zu sein, uns nicht über die anderen stellen dürfen, sondern uns im Gegenteil erniedrigen müssen, dienen müssen, klein machen müssen mit den Kleinen und arm mit den Armen. Es ist etwas Hässliches, wenn man einen Christen sieht, der sich nicht erniedrigen will, der nicht dienen will. Ein Christ, der sich überall brüstet, ist hässlich: Das ist nicht christlich, das ist heidnisch. Ein Christ dient, er erniedrigt sich. Sorgen wir dafür, dass unsere Brüder und Schwestern sich nie allein fühlen!

> Das Kind von Betlehem schenkt uns eine Kraft, die das Herz erwärmt und verwandelt.

Die zweite Konsequenz: Da Gott sich durch Jesus auf den Menschen eingelassen hat und sogar einer von uns geworden ist, dann bedeutet das, dass wir alles, was wir einem Bruder oder einer Schwester getan haben, ihm getan haben. Jesus selbst hat uns daran erinnert: Wer einem der Geringsten und der Ärmsten unter den Menschen Nahrung gegeben, ihn

aufgenommen, besucht, geliebt hat, der hat das dem Sohn Gottes getan.
Vertrauen wir uns der mütterlichen Fürsprache Marias, der Mutter Jesu und unserer Mutter, an, auf dass sie uns helfe, an diesem heiligen Weihnachtsfest, das nunmehr nahe ist, im Antlitz unseres Nächsten, besonders der schwachen und ausgegrenzten Personen, das Bild des menschgewordenen Sohnes Gottes zu erkennen.

Generalaudienz am 18. Dezember 2013

7. Dezember

Tröste mein Gemüt!

Tröstet, tröstet mein Volk, /
spricht euer Gott.
Redet Jerusalem zu Herzen /
und verkündet der Stadt, dass ihr Frondienst zu Ende geht, / dass ihre Schuld beglichen ist; denn sie hat die volle Strafe erlitten / von der Hand des Herrn / für all ihre Sünden.
Eine Stimme ruft: /
Bahnt für den Herrn einen Weg durch die Wüste! Baut in der Steppe eine ebene Straße / für unseren Gott!
Jedes Tal soll sich heben, /
jeder Berg und Hügel sich senken. Was krumm ist, soll gerade werden, / und was hüglig ist, werde eben.
Dann offenbart sich die Herrlichkeit des Herrn, /
alle Sterblichen werden sie sehen. / Ja, der Mund des Herrn hat gesprochen.

Steig auf einen hohen Berg, /
Zion, du Botin der Freude! Erheb deine Stimme mit Macht, / Jerusalem, du Botin der Freude! Erheb deine Stimme, fürchte dich nicht! / Sag den Städten in Juda: / Seht, da ist euer Gott.
Seht, Gott der Herr kommt mit Macht, /
er herrscht mit starkem Arm. Seht, er bringt seinen Siegespreis mit: / Alle, die er gewonnen hat, gehen vor ihm her.
Wie ein Hirt führt er seine Herde zur Weide, /
er sammelt sie mit starker Hand. Die Lämmer trägt er auf dem Arm, / die Mutterschafe führt er behutsam.

Jesaja 40, 1-5; 9-11

Die zweite Etappe der Adventszeit ist eine wunderbare Zeit, die in uns die Erwartung der Wiederkunft Christi und das Gedächtnis seines Kommens in die Geschichte neu erweckt. Die heutige Liturgie legt uns eine Botschaft voller Hoffnung vor. Sie ist die Einladung des Herrn, die durch den Mund des Propheten Jesaja ergeht: „Tröstet, tröstet mein Volk, spricht euer Gott" (40,1). Mit diesen Worten beginnt das Buch der Tröstung, in dem der Prophet an das Volk im Exil die freudige Ankündigung der Befreiung ergehen lässt. Die Zeit der Drangsal ist zu Ende; das Volk Israel kann vertrauensvoll in die Zukunft blicken: endlich blickt es der Rückkehr in die Heimat entgegen. Deshalb besteht die Einladung darin, sich vom Herrn trösten zu lassen.

Doch wir können keine Botschafter der Tröstung Gottes sein, wenn wir nicht als Erste die Freude erfahren, von ihm getröstet und geliebt zu werden.

Jesaja wendet sich an Menschen, die durch eine dunkle Zeit gegangen sind, die eine sehr harte Prüfung erlitten haben; doch jetzt ist die Zeit der Tröstung gekommen. Die Traurigkeit und die Angst können der Freude weichen, da der Herr selbst sein Volk auf den Weg der Befreiung und des Heils führen wird. Wie wird er all dies tun? Mit der Fürsorge und der Zärtlichkeit eines Hirten, der sich seiner Herde annimmt. Er nämlich wird der Herde Einheit und Sicherheit schenken, er wird sie zur Weide führen, er wird die versprengten Schafe in seinem sicheren Stall zusammenführen, er wird den Gebrechlichsten und Schwächsten besondere Aufmerksamkeit widmen (V. 11). Das ist die Haltung Gottes gegenüber uns, seinen Geschöpfen. Deshalb lädt der Prophet alle ein, die ihn hören – uns heute eingeschlossen –, unter dem Volk diese Botschaft der Hoffnung zu verbreiten: dass der Herr uns tröstet. Und der Tröstung Raum zu geben, die vom Herrn kommt. Doch wir können keine Botschafter der Tröstung Gottes sein, wenn wir nicht als Erste die Freude erfahren, von ihm getröstet und geliebt zu werden. Dies geschieht besonders, wenn wir sein Wort hören, das Evangelium, das wir in der Tasche tragen müssen: Vergesst das nicht! Das Evangelium in der Jackentasche oder Handtasche, um immer darin zu lesen. Und das schenkt uns Tröstung: wenn wir im stillen Gebet in seiner Gegenwart verweilen, wenn wir ihm in der Eucharistie oder im Sakrament der Vergebung begegnen. All das tröstet uns.

Lassen wir es zu, dass in dieser Zeit des Advents die Aufforderung Jesajas – „Tröstet, tröstet mein Volk" – in unserem Herzen erklingt. Heute brauchen wir Menschen, die Zeugen des Erbarmens und der Zärtlichkeit des Herrn sind, der die Niedergeschlagenen aufrüttelt, die Entmutigten neu beseelt, das Feuer der Hoffnung entfacht. Er entfacht das Feuer der Hoffnung! Nicht wir. Viele Situationen erfordern unser tröstendes Zeugnis. Freudige, getröstete Menschen sein. Ich denke an all jene, die von Leid, Ungerechtigkeiten und Schikanen unterdrückt werden; an alle, die Sklaven des Geldes, der Macht, des Erfolgs, der Weltlichkeit sind. Die Ärmsten! Sie haben verfälschte Tröstungen, nicht die wahre Tröstung des Herrn! Alle sind wir aufgerufen, unsere Brüder und Schwestern zu trösten, indem wir bezeugen, dass Gott allein die Ursachen der existenziellen und geistlichen Dramen beseitigen kann. Er kann es! Er ist mächtig!

Die Botschaft Jesajas ist Balsam für unsere Wunden und ein Ansporn, mit großem Einsatz den Weg des Herrn zu bereiten.

Die Botschaft Jesajas, die am zweiten Adventssonntag erklingt, ist Balsam für unsere Wunden und ein Ansporn, mit großem Einsatz den Weg des Herrn zu bereiten. Denn der

Prophet spricht heute zu unserem Herzen, um uns zu sagen, dass Gott unsere Sünden vergisst und uns tröstet. Wenn wir uns ihm demütigen und reuigen Herzens anvertrauen, wird er die Mauern des Bösen niederreißen, die Gruben unserer Unterlassungen füllen, er wird die Hügel des Hochmuts und der Eitelkeit ebnen und den Weg zur Begegnung mit ihm öffnen. Es ist schon seltsam, doch viele Male haben wir Angst vor der Tröstung, getröstet zu werden. Mehr noch: Wir fühlen uns sicherer in der Traurigkeit und Verzweiflung. [...] Weil wir uns in der Traurigkeit fast als Hauptpersonen empfinden. In der Tröstung dagegen ist der Heilige Geist die Hauptperson! Er ist es, der uns tröstet, er ist es, der uns den Mut schenkt, aus uns herauszugehen. Er ist es, der uns zur Quelle jeder echten Tröstung führt, das heißt zum Vater. Und das ist die Umkehr.

Er ist es, der uns tröstet, er ist es, der uns den Mut schenkt, aus uns herauszugehen.

Bitte, lasst euch vom Herrn trösten! [...] Die Jungfrau Maria ist der „Weg“, den Gott selbst sich bereitet hat, um in die Welt zu kommen. Ihr empfehlen wir die Erwartung des Heils und des Friedens aller Männer und Frauen unserer Zeit.

Angelusgebet am 7. Dezember 2014

8. Dezember

Maria folgt ihrer Berufung

Im sechsten Monat wurde der Engel Gabriel von Gott in eine Stadt in Galiläa namens Nazaret zu einer Jungfrau gesandt. Sie war mit einem Mann namens Josef verlobt, der aus dem Haus David stammte. Der Name der Jungfrau war Maria.
Der Engel trat bei ihr ein und sagte: Sei gegrüßt, du Begnadete, der Herr ist mit dir.
Sie erschrak über die Anrede und überlegte, was dieser Gruß zu bedeuten habe.
Da sagte der Engel zu ihr: Fürchte dich nicht, Maria; denn du hast bei Gott Gnade gefunden.
Du wirst ein Kind empfangen, einen Sohn wirst du gebären: dem sollst du den Namen Jesus geben.
Er wird groß sein und Sohn des Höchsten genannt werden. Gott, der Herr, wird ihm den Thron seines Vaters David geben. Er wird über das Haus Jakob in Ewigkeit herrschen, und seine Herrschaft wird kein Ende haben.
Maria sagte zu dem Engel: Wie soll das geschehen, da ich keinen Mann erkenne?
Der Engel antwortete ihr: Der Heilige Geist wird über dich kommen, und die Kraft des Höchsten wird dich überschatten. Deshalb wird auch das Kind heilig und Sohn Gottes genannt werden.
Auch Elisabet, deine Verwandte, hat noch in ihrem Alter einen Sohn empfangen; obwohl sie als unfruchtbar galt, ist sie jetzt schon im sechsten Monat.
Denn für Gott ist nichts unmöglich.
Da sagte Maria: Ich bin die Magd des Herrn; mir geschehe, wie du es gesagt hast. Danach verließ sie der Engel.

Lk 1, 26-38

Die Botschaft des Hochfestes der ohne Erbsünde empfangenen Jungfrau Maria kann mit diesen Worten zusammengefasst werden: alles ist unentgeltliches Geschenk Gottes, alles ist Gnade, alles ist Geschenk seiner Liebe zu uns. Der Engel Gabriel nennt Maria „die Begnadete“ (Lk 1,28): in ihr ist kein Raum für die Sünde, da Gott sie von jeher als Mutter Jesu erwählt und vor der Erbsünde bewahrt hat. Und Maria entspricht der Gnade und überlässt sich ihr, indem sie zum Engel sagt: „Mir geschehe, wie du es gesagt hast“ (V. 38). Sie sagt nicht: „Ich werde nach deinem Wort handeln.“ Nein! Sondern: „Mir geschehe …“ Und das Wort ist in ihrem Schoß Fleisch geworden. Auch wir sind aufgefordert, auf Gott zu hören, der zu uns spricht, und seinen Willen anzunehmen; der Logik des Evangeliums entsprechend ist nichts wirksamer und fruchtbarer als das Hören auf das Wort des Herrn, das aus dem Evangelium, aus der Bibel kommt, und es anzunehmen. Der Herr spricht immer zu uns!

„Mir geschehe, wie du es gesagt hast.“ (Lk 1, 38)

Dia Haltung Marias von Nazaret zeigt uns, dass das Sein vor dem Tun kommt, und dass es notwendig ist, Gott handeln zu lassen, um wirklich zu sein, wie er uns will. Er ist es, der in uns so viele Wunder wirkt. Maria ist aufnehmend, nicht passiv. Wie sie auf leiblicher Ebene die Macht der Heiligen Geistes empfängt, dann aber dem Sohn Gottes, der sich in ihr bildet, Fleisch und Blut schenkt, so empfängt sie auf der geistlichen Ebene die Gnade und entspricht ihr mit dem Glauben. Daher sagt der heilige Augustinus, dass die Jungfrau „Christus im Herzen empfangen hat, bevor sie ihn im Leib empfing“ (Sermo 215,4). Sie hat zuerst den Glauben empfangen und dann den Herrn. Dieses Geheimnis der Annahme der Gnade, die in Maria durch ein einzigartiges Privileg nicht von der Sünde behindert wurde, ist eine Möglichkeit für alle. So eröffnet der heilige Paulus seinen Brief an die Epheser mit diesen Worten des Lobpreises: „Gepriesen sei der Gott und Vater unseres Herrn Jesus Christus: Er hat uns mit allem Segen seines Geistes gesegnet durch unsere Gemeinschaft mit Christus im Himmel" (1,3). Wie Maria von der heiligen Elisabet mit den Worten „Gesegnet bist du mehr als alle anderen Frauen" begrüßt wird, so sind auch wir von jeher „gesegnet", das heißt geliebt, und daher „erwählt vor der Erschaffung der Welt, damit wir heilig und untadelig leben vor Gott" (Eph 1,4). Maria ist bewahrt worden, während wir dank der Taufe und des Glaubens gerettet worden sind. Für alle aber, sowohl für sie als auch für uns, gilt: durch Christus „zum Lob seiner herrlichen Gnade" (V. 6), jener Gnade, von der die ohne Erbsünde empfangene Jungfrau vollkommen erfüllt worden ist.

Das Heil ist ein unentgeltliches Geschenk des Herrn.

Angesichts der Liebe, der Barmherzigkeit, der in unsere Herzen ausgegossenen göttlichen Gnade drängt sich nur eine Konsequenz auf: die Unentgeltlichkeit. Keiner von uns kann das Heil kaufen! Das Heil ist ein unentgeltliches Geschenk des Herrn, ein unentgeltliches Geschenk Gottes, der zu uns kommt und in uns wohnt. Wie wir umsonst empfangen haben, so sind wir auch aufgerufen, umsonst zu geben (vgl. Mt 10,8), Maria nachahmend, die sofort, nachdem sie die Verkündigung des Engels angenommen hat, hingeht, um das Geschenk der Fruchtbarkeit mit ihrer Verwandten Elisabet zu teilen. Denn: Wenn alles geschenkt worden ist, muss alles zurückgeschenkt werden. Wie? Indem man es zulässt, dass der Heilige Geist aus uns ein Geschenk für die anderen macht. Der Geist ist ein Geschenk für uns und wir müssen mit der Kraft des Geistes Geschenk für die anderen sein und es zulassen, dass der Heilige Geist uns zu Werkzeugen der Aufnahme, zu Werkzeugen der Aussöhnung, zu Werkzeugen der Vergebung werden lässt. Wenn sich unser Dasein durch die Gnade des Herrn verwandeln lässt, denn die Gnade des Herrn verwandelt uns, werden wir das aus seinem Antlitz erstrahlende Licht nicht für uns behalten können, sondern wir werden es durchscheinen lassen, damit es die anderen erleuchtet. Wir wollen von Maria lernen, die ihren Blick immer fest auf ihren Sohn gerichtet hat, und ihr Antlitz wurde „das Gesicht, das Christus am ähnlichsten" ist (Dante, Paradies, XXXII, 85-86). An sie wenden wir uns mit dem Gebet, das an die Verkündigung des Engels erinnert.

Angelusgebet am 8. Dezember 2014

9. Dezember

Maria, wir beten zu dir

O Maria, unsere Mutter,
heute verehrt dich das feiernde Volk
als die Unbefleckte,
die von jeher von der Ansteckung
durch die Sünde bewahrt worden ist.

Nimm die Ehrung an,
die ich dir darbringe im Namen der Kirche in Rom
und in der ganzen Welt.
Das Wissen, dass du, unsere Mutter,
ganz frei von Sünde bist,
schenkt uns großen Trost.

Das Wissen, dass das Böse über dich keine Macht hat,
erfüllt uns mit Hoffnung und Stärke
im täglichen Kampf,
den wir gegen die Bedrohungen Satans führen müssen.

Doch in diesem Kampf sind wir nicht allein,
wir sind keine Waisen,
denn Jesus hat uns dich vor seinem Tod am Kreuz
zur Mutter gegeben.

Wir aber sind deine Kinder,
obwohl wir Sünder sind,
Kinder der unbefleckt empfangenen Jungfrau,
berufen zu jener Heiligkeit, die in dir
durch die Gnade Gottes von
Anbeginn erglänzt.

Beseelt von dieser Hoffnung
beten wir heute um deinen mütterlichen Schutz für uns,
für unsere Familien,
für diese Stadt, für die ganze Welt.

Die Macht der Liebe Gottes,
der dich vor der Erbsünde bewahrt hat,
befreie durch deine Fürsprache die Menschheit
von jeder geistlichen und materiellen Knechtschaft
und lasse in den Herzen und in den
Ereignissen den Heilsplan Gottes siegen.

Bewirke, dass auch in uns, deinen Kindern,
die Gnade stärker ist als der Stolz,
so dass wir barmherzig werden können,
wie unser Vater im Himmel barmherzig ist.

Lehre uns in dieser Zeit,
die uns zum Fest der Geburt Jesu führt,
gegen den Strom zu schwimmen:
uns zu entäußern, uns zu erniedrigen,
uns zu schenken, zu hören, in der Stille zu sein,
uns selbst aus dem Mittelpunkt zu nehmen,
um der Schönheit Gottes Raum zu lassen,
Quell der wahren Freude.

Unsere Mutter, unbefleckt Empfangene,
bitte für uns!

Gebet an der Mariensäule am Spanischen Platz am 8. Dezember 2014

10. Dezember

Lebt die Liebe Gottes!

Wir sind ein Volk und eine Seele, zusammengerufen vom Herrn, der uns liebt und uns trägt. „Familie, lebe die Freude des Glaubens!" Dieser Titel gefällt mir. Ich habe so viele Kinder gesehen, so viele Großeltern ... Ich habe das Leid der Familien gespürt, die in Situationen der Armut und des Krieges leben. Ich habe die Jugendlichen gehört, die heiraten wollen, wenn auch unter tausend Schwierigkeiten. Und nun fragen wir uns: Wie ist es möglich, heute in der Familie die Freude des Glaubens zu leben? Aber ich frage auch euch: Ist es möglich, diese Freude zu leben, oder ist es nicht möglich?

Kommt zu mir, Familien aus aller Welt – sagt Jesus – und ich will euch Ruhe verschaffen, damit eure Freude vollkommen sei.

Im Matthäusevangelium gibt es ein Wort Jesu, das uns hilfreich ist: „Kommt alle zu mir, die ihr euch plagt und schwere Lasten zu tragen habt. Ich werde euch Ruhe verschaffen" (Mt 11,28). Das Leben ist oft mühsam, oftmals auch tragisch! Arbeiten bedeutet Mühe; Arbeit suchen bedeutet Mühe. Und heute Arbeit zu finden, erfordert sehr viel Mühe von uns! Doch was im Leben schwerer wiegt, ist nicht das: Was schwerer wiegt als alle diese Dinge, ist der Mangel an Liebe. Es ist schwer, kein Lächeln zu erhalten, nicht angenommen zu sein. Schwer lastet so manches Schweigen, manchmal auch in der Familie, zwischen Eheleuten, zwischen Eltern und Kindern, unter Geschwistern. Ohne Liebe lastet die Mühe schwerer, wird unerträglich. Ich denke an die einsamen Alten, an die Familien, die sich abmühen, weil sie keine Hilfe haben bei der Unterstützung derer im Haus, die besonderer Hinwendung und Pflege bedürfen. „Kommt alle zu mir, die ihr euch plagt und schwere Lasten zu tragen habt", sagt Jesus.

Der Herr kennt unsere Mühen, er kennt sie! Und er kennt die Lasten unseres Lebens. Aber der Herr kennt auch unsere tiefe Sehnsucht, die Freude der Erquickung zu finden! Erinnert ihr euch? Jesus hat gesagt: „Eure Freude soll vollkommen sein" (vgl. Joh 15,11). Jesus will, dass unsere Freude vollkommen ist! Das hat er zu den Aposteln gesagt, und er wiederholt es heute für uns. Dies ist also das Erste, was ich heute mit euch teilen möchte, und es ist ein Wort Jesu: Kommt zu mir, Familien aus aller Welt – sagt Jesus – und ich will euch Ruhe verschaffen, damit eure Freude vollkommen sei. Und dieses Wort Jesu, tragt es nach Hause, tragt es im Herzen, teilt es miteinander in der Familie! Er lädt uns ein, zu ihm zu gehen, um uns, um allen die Freude zu schenken.

Tragt das Wort Jesu im Herzen, teilt es miteinander in der Familie!

Das zweite Wort entnehme ich dem Ritus der Trauung. Wer eine sakramentale Ehe schließt, sagt: „Ich verspreche dir die Treue in guten und bösen Tagen, in Gesundheit und Krankheit, bis der Tod uns scheidet. Ich will dich lieben, achten und ehren alle Tage meines Lebens." Die Brautleute wissen in jenem Moment nicht, was geschehen wird, sie wissen nicht, welche Freuden und welche Leiden sie erwarten. Sie brechen auf wie Abraham und machen sich gemeinsam auf den Weg. Und das ist die Ehe! Aufbrechen und gemeinsam gehen, Hand in Hand, im Vertrauen auf die große Hand des Herrn. Hand in Hand, immer und das ganze Leben lang! Und nicht auf diese Kultur des Provisorischen achten, die uns das Leben zerstückelt!

Mit diesem Vertrauen auf die Treue Gottes nimmt man alles in Angriff, furchtlos und verantwortungsvoll. Die christlichen Brautleute sind nicht naiv, sie kennen die Probleme und die Gefahren des Lebens. Doch sie haben keine Angst, ihre Verantwortung zu übernehmen, vor Gott und der Gesellschaft. Ohne wegzulaufen, ohne sich zu isolieren, ohne auf die Aufgabe zu verzichten, eine Familie zu bilden und Kinder in die Welt zu setzen. – Aber heute, Pater, ist das schwierig... – Sicher, es ist schwierig. Darum braucht es die Gnade, die Gnade, die uns das Sakrament verleiht! Die Sakramente sind nicht dafür da, das Leben zu dekorieren – aber was für eine schöne Hochzeit, was für eine schöne Zeremonie, welch schönes Fest!... Doch das ist nicht das Sakrament, das ist nicht die Gnade des Sakraments. Das ist eine Dekoration! Und die Gnade ist nicht da, um das Leben zu verschönern, sie ist da, um uns im Leben zu stärken, um uns mutig zu machen, damit wir vorangehen können! Ohne uns zu isolieren, immer gemeinsam.

Und sie brauchen die Hilfe Jesu, um gemeinsam vertrauensvoll voranzugehen, um einander Tag für Tag anzunehmen und einander täglich zu verzeihen! Und das ist wichtig! In den Familien einander zu verzeihen wissen, denn alle haben wir unsere Fehler, alle! Manchmal tun wir Dinge, die nicht gut sind und den anderen wehtun. Den Mut haben, um Verzeihung zu bitten, wenn wir in der Familie einen Fehler machen... Um eine Familie voranzubringen, ist nötig, drei Worte zu gebrauchen. Ich will es wiederholen. Drei Worte: „darf ich?“, „danke“ und „entschuldige“. Drei Schlüsselworte! Wir fragen: „Darf ich?“, um in der Familie nicht aufdringlich zu sein: „Darf ich das tun? Gefällt es dir, wenn ich dies tue?“ Mit den Worten, mit denen man um Erlaubnis bittet. Sagen wir: „Danke“, „danke“ aus Liebe! – Aber sag mir, wie oft am Tag sagst du zu deiner Frau: „Danke“, und du zu dei-

Die Gnade der Sakramente ist dazu da, um uns im Leben zu stärken, um uns mutig zu machen, damit wir vorangehen können!

nem Mann? Wie viele Tage vergehen, ohne dieses Wort zu sagen: „Danke"! Und das letzte: „Entschuldige". Alle machen wir Fehler, und manchmal ist einer in der Familie und in der Ehe beleidigt, und manchmal – ich sage das so – fliegen die Teller, fallen harte Worte ... Aber hört diesen Rat: Lasst den Tag nicht zu Ende gehen, ohne Frieden zu schließen! Der Friede muss in der Familie jeden Tag wieder hergestellt werden! [...] Jeden Tag einander verzeihen!

Geht euren Weg mit Freude gemeinsam mit diesem Volk. Bleibt immer vereint mit Jesus.

Im Leben erfährt die Familie viele schöne Augenblicke: die Ruhe, das gemeinsame Mahl, der Ausflug in den Park oder aufs Land, der Besuch bei den Großeltern, der Besuch bei einem Kranken... Doch wenn die Liebe fehlt, fehlt die Freude, fehlt das Fest – und die Liebe, sie erhalten wir immer von Jesus: Er ist die unerschöpfliche Quelle. Dort, im Sakrament, schenkt er uns sein Wort, und er schenkt uns das Brot des Lebens, damit unsere Freude vollkommen sei.

Liebe Familien, auch ihr seid ein Teil des Volkes Gottes. Geht euren Weg mit Freude gemeinsam mit diesem Volk. Bleibt immer vereint mit Jesus und bringt ihn mit eurem Zeugnis zu allen. Machen wir uns gemeinsam die Worte des heiligen Petrus zu Eigen, die uns Kraft geben und uns in den schwierigen Momenten Kraft geben werden: „Herr, zu wem sollen wir gehen? Du hast Worte des ewigen Lebens" (Joh 6,68). Lebt mit der Gnade Christi die Freude des Glaubens! Der Herr segne euch, und Maria, unsere Mutter, behüte und begleite euch.

Ansprache am 26. Oktober 2013

11. Dezember

Habt keine Angst!

Der Blick! Wie wichtig ist er! Wie viel kann man mit einem Blick sagen! Zuneigung, Ermutigung, Mitleid, Liebe, aber auch Vorwurf, Neid, Stolz, sogar Hass. Oft sagt ein Blick mehr als Worte oder sagt das, was Worte nicht zu sagen vermögen oder wagen.

Auf wen blickt Maria? Sie blickt auf uns alle, auf einen jeden von uns. Und wie schaut sie uns an? Sie schaut uns an wie eine Mutter, voll Zärtlichkeit, Barmherzigkeit und Liebe. So hat sie ihren Sohn angeschaut in allen Momenten seines Lebens – in den freudenreichen, den lichtreichen, den schmerzhaften und den glorreichen Momenten, wie wir sie in den Geheimnissen des Rosenkranzes betrachten – und zwar einfach voll Liebe.

Maria schaut uns an wie eine Mutter, voll Zärtlichkeit, Barmherzigkeit und Liebe. So hat sie ihren Sohn angeschaut in allen Momenten seines Lebens.

Wenn wir müde und entmutigt sind, wenn wir von den Problemen erdrückt werden, dann schauen wir auf Maria und spüren ihren Blick, der zu unserem Herzen spricht: „Nur Mut, mein Kind, ich bin da und stütze dich!“ Die Muttergottes kennt uns gut, sie ist eine „Mama“ und weiß wohl, welche unsere Freuden und Schwierigkeiten, unsere Hoffnungen und Enttäuschungen sind. Wenn wir die Last unserer Schwachheit, unserer Sünden spüren, dann schauen wir auf Maria, die zu unserem Herzen spricht: „Steh auf, geh zu meinem Sohn Jesus, bei ihm findest du Aufnahme, Barmherzigkeit und neue Kraft, um den Weg weiterzugehen.“

Der Blick Marias richtet sich nicht nur auf uns. Unter dem Kreuz, als Jesus den Apostel Johannes und mit ihm uns alle ihr mit den Worten: „Frau, siehe dein Sohn“ (Joh 19,26) anvertraut, da ist der Blick Marias fest auf Jesus gerichtet. Und Maria sagt uns wie bei der Hochzeit zu Kana: „Was er euch sagt, das tut" (Joh 2,5). Maria weist auf Jesus hin; sie lädt uns ein, Jesus zu bezeugen; sie führt uns immer zu ihrem Sohn Jesus, denn nur in ihm ist Heil, nur er kann das Wasser der Einsamkeit, der Schwierigkeit und der Sünde in den Wein der Begegnung, der Freude und der Vergebung verwandeln. Er allein.

„Selig ist die, die geglaubt hat!" (Lk 1,45). Maria ist selig wegen ihres Gottvertrauens, wegen ihres Glaubens; denn der Blick ihres Herzens war stets fest auf Gott gerichtet, auf den Sohn Gottes, den sie im Schoß getragen und am Kreuz betrachtet hat. Bei der Anbetung des Allerheiligsten Sakraments sagt Maria zu uns: „Schau auf meinen Sohn, halte den Blick fest auf ihn gerichtet, hör auf ihn, sprich mit ihm. Er blickt dich in Liebe an. Hab keine Angst! Er wird dich lehren, ihm zu folgen, um ihn in den großen und kleinen Handlungen deines Lebens zu bezeugen, in den Beziehungen in der Familie, bei deiner Arbeit, in festlichen Stunden; er wird dich lehren, aus dir herauszugehen, aus dir selbst heraus, um die anderen in Liebe anzublicken wie er. Nicht mit Worten, sondern mit Taten hat er dich geliebt und liebt er dich!"

O Maria,
lass uns deinen mütterlichen Blick spüren,
führe uns zu deinem Sohn,
mach, dass wir nicht Christen „fürs Schaufenster" sind,
sondern solche, die sich die Ärmel hochkrempeln,
um mit deinem Sohn Jesus sein Reich der Liebe,
der Freude und des Friedens aufzubauen.

Ansprache zur Gebetsvigil am 12. Oktober 2013

12. Dezember

Freude im Advent

Der Geist Gottes, des Herrn, ruht auf mir; /
denn der Herr hat mich gesalbt. Er hat mich gesandt, damit ich den Armen eine frohe Botschaft bringe / und alle heile, deren Herz zerbrochen ist, damit ich den Gefangenen die Entlassung verkünde / und den Gefesselten die Befreiung,
damit ich ein Gnadenjahr des Herrn ausrufe.

Von Herzen will ich mich freuen über den Herrn. /
Meine Seele soll jubeln über meinen Gott. Denn er kleidet mich in Gewänder des Heils, / er hüllt mich in den Mantel der Gerechtigkeit, wie ein Bräutigam sich festlich schmückt / und wie eine Braut ihr Geschmeide anlegt.
Denn wie die Erde die Saat wachsen lässt /
und der Garten die Pflanzen hervorbringt, so bringt Gott, der Herr, Gerechtigkeit hervor / und Ruhm vor allen Völkern.

Jes 61, 1-2a; 10-11

Die Kirche nimmt an [dem morgigen] Sonntag ein wenig die Weihnachtsfreude vorweg, und deshalb heißt er der „Sonntag der Freude". In dieser Zeit der Vorbereitung auf Weihnachten legen wir für die heilige Messe dunkle Paramente an, aber am 3. Adventssonntag sind es diese rosafarbenen, weil die Freude von Weihnachten erblüht. Und die Weihnachtsfreude ist eine besondere Freude, aber es ist eine Freude nicht nur für den Weihnachtstag, sondern für das ganze Leben des Christen. Es ist eine zuversichtliche, ruhige Freude, eine Freude, die den Christen stets begleitet. Auch in schwierigen Augenblicken, in den Momenten großer Schwierigkeit wird diese Freude zum Frieden. Der Christ verliert niemals den Frieden, wenn er wirklich Christ ist, auch im Leid. Dieser Frieden ist ein Geschenk des Herrn. Die christliche Freude ist ein Geschenk des Herrn. „Ah, Pater, wir haben ein schönes Essen, alle werden zufrieden sein." Das ist schön, ein schönes großes Essen gehört dazu. Aber das ist nicht die christliche Freude, von der wir heute sprechen. Die christliche Freude ist etwas anderes. Sie veranlasst uns auch zum Feiern, das ist wahr, aber sie ist etwas anderes. Und deshalb möchte die Kirche verständlich machen, was diese christliche Freude ist.

Der heilige Apostel Paulus sagt zu den Thessalonichern: „Brüder, freut euch zu jeder Zeit!" Und wie kann ich mich freuen? Er sagt: „Betet ohne Unterlass! Dankt für alles!" Die christliche Freude finden wir im Gebet, sie kommt aus dem Gebet und auch aus der Danksagung an Gott: „Danke, Herr, für viele schöne Dinge!" Aber es gibt Menschen, die Gott nicht zu danken wissen: sie suchen immer etwas, um sich zu beklagen. Ich kannte eine Ordensschwester – weit weg von hier! –, diese Schwester war gut, sie arbeitete... Aber ihr Leben bestand darin, sich zu beklagen, über viele Dinge zu jammern, die geschahen... Im Kloster nannten sie sie verständlicherweise „Schwester Jammer". Aber ein Christ darf nicht so leben, indem er immer zu klagen sucht: „Der hat etwas, das ich nicht habe, jener... Hast du gesehen, was passiert ist?" Das ist nicht christlich! Und es tut weh, Christen mit einem verbitterten Gesicht zu sehen, mit jenem ruhelosen Gesicht der Bitterkeit, das nicht im Frieden ist. Niemals, niemals hat ein Heiliger oder eine Heilige ein Gesicht wie bei einer Beerdigung gehabt, niemals! Die Heiligen haben immer ein von Freude geprägtes Gesicht. Oder im Leiden zumindest ein von Frieden erfülltes Gesicht. Das

Der Christ verliert niemals den Frieden, wenn er wirklich Christ ist, auch im Leid.

höchste Leiden, das Martyrium Jesu: Er hatte jenes friedvolle Gesicht und sorgte sich um die anderen: die Mutter, Johannes, den guten Schächer ... er sorgte sich um die anderen.
Um diese christliche Freude zu haben: erstens beten, zweitens danken. Und wie mache ich das: Dank sagen? Erinnere dich an dein Leben und denk an die vielen guten Dinge, die das Leben dir geschenkt hat: so viele. „Aber Pater, das ist wahr, aber ich hab so viel Schlechtes empfangen!" – Ja, das ist wahr, das passiert allen! Aber denk an das Gute! – „Ich hatte eine christliche Familie, christliche Eltern, Gott sei Dank habe ich eine Arbeit, meine Familie leidet keinen Hunger, wir sind alle gesund..." Ich weiß nicht, viele Dinge, und dem Herrn dafür Dank sagen. Und das macht uns vertraut mit der Freude. Beten, Dank sagen... Und dann empfiehlt uns die erste Lesung eine weitere Dimension, die uns helfen wird, die Freude zu haben: den anderen die Frohe Botschaft bringen. Wir sind Christen. „Christen" kommt von „Christus", und Christus bedeutet „Gesalbter". Und wir sind „gesalbt": Der Geist des Herrn ruht auf mir, denn der Herr hat mich gesalbt. Wir sind gesalbt: Christ sein bedeutet „gesalbt" sein. Und wozu sind wir gesalbt? Um was zu tun? „Er hat mich gesandt, damit ich eine frohe Botschaft bringe." Wem? „Den Armen", „damit ich alle heile, deren Herz zerbrochen ist, damit ich den Gefangenen die Entlassung verkünde und den Gefesselten die Befreiung, damit ich ein Gnadenjahr des Herrn ausrufe" (vgl. Jes 61,1-2).

Aber vergesst nicht: Wir wollen beten und um die Weihnachtsfreude bitten.

Das ist die Berufung Christi und auch die Berufung der Christen. Zu den anderen zu gehen, zu den Bedürftigen, sowohl materielle als auch geistliche Bedürfnisse ...So viele leiden wegen familiärer Probleme unter Angst...Den Frieden dorthin bringen, die Salbung Jesu bringen, jenes Öl Jesu, das so gut tut und die Seelen tröstet. Also, um bei der Vorbereitung auf Weihnachten diese Freude zu haben, erstens: beten. „Herr, möge ich dieses Weihnachten mit der wahren Freude erleben!“ Nicht mit der Freude des Konsumismus, der uns alle sehr besorgt zum 24. Dezember führt, denn: „Ach, mir fehlt dies und mir fehlt jenes...“ Nein, das ist nicht die Freude Gottes. Beten. Zweitens: dem Herrn Dank sagen für das Gute, das er uns geschenkt hat. Drittens: darüber nachdenken, wie ich auf die anderen zugehen kann, auf jene, die Schwierigkeiten, Probleme haben – denken wir an die Kranken, an viele Probleme –, um ein wenig Salbung, Frieden, Freude zu bringen. Das ist die Freude des Christen. [...] In [den kommenden] Tagen wollen wir beten. Aber vergesst nicht: Wir wollen beten und um die Weihnachtsfreude bitten.

Danken wir Gott für die vielen Dinge, die er uns geschenkt hat, an erster Stelle den Glauben. Dieser ist eine große Gnade. Drittens: Denken wir darüber nach, wohin ich gehen kann, um ein wenig Trost, Frieden zu denen zu bringen, die leiden. Gebet, Dank und Hilfe für die anderen. Und so werden wir das Geburtsfest des Gesalbten, Christi, erreichen, gesalbt von Gnade, Gebet, Danksagung und Hilfe für die anderen. Die Muttergottes möge uns auf diesem Weg zum Weihnachtsfest begleiten. Aber die Freude, die Freude!

Ansprache am 14. Dezember 2015 in der römischen Pfarrei „San Giuseppe all' Aurelio“

13. Dezember

Sehnsucht nach Freude

[3. Adventssonntag]

Freut euch im Herrn zu jeder Zeit! Noch einmal sage ich: Freut euch!
Eure Güte werde allen Menschen bekannt. Der Herr ist nahe.
Sorgt euch um nichts, sondern bringt in jeder Lage betend und flehend eure Bitten mit Dank vor Gott!
Und der Friede Gottes, der alles Verstehen übersteigt, wird eure Herzen und eure Gedanken in der Gemeinschaft mit Christus Jesus bewahren. *Phil 4, 4-7*

Seit zwei Wochen bereits hat uns die Adventszeit zur geistlichen Wachsamkeit eingeladen, um dem Herrn, der kommt, den Weg zu bereiten. Am dritten Sonntag legt uns die Liturgie eine weitere innere Haltung vor, mit der diese Erwartung des Herrn gelebt werden soll: die Freude. Die Freude Jesu, wie jene Buchstaben-Schilder dort sagen: „Mit Jesus ist die Freude bei uns zuhause." Ja, so ist es: die Liturgie stellt uns die Freude Jesu vor Augen!
Das Herz des Menschen ersehnt die Freude. Wir alle sehnen uns nach Freude, jede Familie, jedes Volk strebt nach Glück. Doch was ist das für eine Freude, die zu leben und zu bezeugen der Christ berufen ist? Es ist jene Freude, die aus der Nähe Gottes hervorgeht, aus seiner Gegenwart in unserem Leben. Seit Jesus mit seiner Geburt in Betlehem in die Geschichte eingetreten ist, hat die Menschheit den Keim des Reiches Gottes empfangen, wie ein Erdboden, der den Samen empfängt, Verheißung der künftigen Ernte. Es ist nicht mehr notwendig, anderswo zu suchen! Jesus ist gekommen, um allen für immer die Freude zu bringen. Es handelt sich

nicht um eine nur erhoffte oder auf das Paradies verschobene Freude: hier auf Erden sind wir traurig, aber im Paradies werden wir freudig sein. Nein! Das ist nicht diese Freude, sondern eine bereits jetzt wirkliche und erfahrbare Freude, denn Jesus selbst ist unsere Freude, und mit Jesus ist die Freude bei uns zuhause, wie euer Spruchband sagt. Sagen wir es alle: „Mit Jesus ist die Freude bei uns zuhause." Noch einmal: „Mit Jesus ist die Freude bei uns zuhause." Und ohne Jesus – gibt es da Freude? Nein! Richtig! Er ist lebendig, er ist der Auferstandene, und er wirkt in uns und unter uns insbesondere durch das Wort und die Sakramente. Wir alle, die wir getauft sind, Kinder der Kirche, sind dazu berufen, immer neu die Gegenwart Gottes in unserer Mitte anzunehmen und den anderen zu helfen, sie zu entdecken oder sie wiederzuentdecken, sollten sie sie vergessen haben. Es handelt sich um eine sehr schöne Sendung, die jener Johannes' des Täufers ähnlich ist: die Menschen auf Christus hin ausrichten – nicht auf uns selbst! –, denn er ist das Ziel, nach dem das Herz des Menschen strebt, wenn er Freude und Glück sucht. Wieder ist es der heilige Paulus, der in der Liturgie die Bedingungen dafür aufzeigt, „Missionare der Freude" zu sein: beten ohne Unterlass, immer Gott danken, fügsam seinem Geist folgen, das Gute suchen, das Böse meiden (vgl. 1 Thess 5,17-22). Wenn das unser Lebensstil sein wird, dann wird die Frohe Botschaft in viele Häuser eintreten und den Menschen und Familien helfen können, neu zu entdecken, dass in Jesus das Heil ist. In ihm ist es möglich, den inneren Frieden und die Kraft zu finden, um jeden Tag den verschiedenen Situationen des Lebens entgegenzutreten, auch den schwersten und schwierigsten. Man hat noch nie von einem traurigen Heili-

Das Herz des Menschen ersehnt die Freude.

gen oder von einer Heiligen mit einem Gesicht wie bei einer Beerdigung gehört. Nie hat man so etwas gehört! Das wäre ein Widerspruch. Der Christ ist ein Mensch, dessen Herz von Frieden erfüllt ist, da er seine Freude auch dann in den Herrn zu setzen weiß, wenn er durch schwierige Momente in seinem Leben geht. Glauben haben bedeutet nicht, keine schwierigen Momente zu haben, sondern die Kraft zu besitzen, ihnen in dem Wissen zu begegnen, dass wir nicht allein sind. Und das ist der Friede, den Gott seinen Kindern schenkt. Mit dem Blick auf das nunmehr nahende Weihnachtsfest lädt uns die Kirche ein, Zeugnis zu geben, dass Jesus keine Persönlichkeit der Vergangenheit ist. Er ist das Wort Gottes, das heute fortfährt, den Weg des Menschen zu erleuchten. Seine Gesten – die Sakramente – sind die Offenbarung der Zärtlichkeit, der Tröstung und der Liebe des Vaters zu einem jeden Menschen. Die Jungfrau Maria, „Ursache unserer Freude", mache uns immer froh im Herrn, der kommt, um uns aus den vielen inneren und äußeren Knechtschaften zu befreien.

Mit Jesus ist die Freude bei uns zuhause.

Angelusgebet am 14. Dezember 2014

Vertrauen wagen

Der Christ wiederholt das Glaubensbekenntnis nicht auswendig wie ein Papagei und er lebt nicht wie ein ewig Besiegter, sondern er bekennt auf vollkommene Weise den Glauben und hat die Fähigkeit, Gott anzubeten. So lässt er das Thermometer des kirchlichen Lebens in die Höhe gehen. „Bekennen und uns anvertrauen" sind die beiden Schlüsselworte, die die Haltung des Glaubenden nähren und stärken. Denn unser Glaube ist der Sieg, der die Welt besiegt hat, wie der Apostel Johannes in seinem ersten Brief schreibt.
Der erste Johannesbrief unterstreicht sehr deutlich und immer wieder jenes Wort, das für ihn der Ausdruck des christlichen Lebens ist: bleiben, im Herrn bleiben. Johannes stellt sich dieses Bleiben so vor: wir im Herrn und der Herr in uns. Das bedeutet, in der Liebe zu bleiben, denn die beiden Hauptgebote sind jene der Liebe zu Gott und zum Nächsten.

> Jeder, der in Gott bleibt, jeder, der aus Gott geboren ist, jeder, der in der Liebe bleibt, besiegt die Welt.

Johannes schreibt, dass jeder, der in Gott bleibt, jeder, der aus Gott geboren ist, jeder, der in der Liebe bleibt, besiegt die Welt. Und das ist der Sieg unseres Glaubens. Um dieses Bleiben zu leben, gibt es von unserer Seite aus den Glauben, während es von Seiten Gottes der Heilige Geist ist, der dieses Werk der Gnade verwirklicht.
Und das ist großartig! Denn der Sieg, der die Welt besiegt hat, das ist unser Glaube. Unser Glaube kann alles: Er ist Sieg! Dabei wäre es schön, wenn wir uns diese Wahrheit häufig ins Gedächtnis rufen würden, denn oftmals sind wir besiegte Christen. Die Kirche ist voll von besiegten Christen, die nicht daran glauben, dass der Glaube ein Sieg ist, die diesen

Glauben nicht leben. Und wenn man diesen Glauben nicht lebt, dann kommt die Niederlage. Und die Welt siegt, der Fürst dieser Welt.

Die grundlegende Frage, die man sich selbst stellen sollte, lautet also:

Was ist dieser Glaube?

Gerade dieser Glaube erfordert von uns zwei Verhaltensweisen: die des Bekennens und des Sich-Anvertrauens. Vor allem besteht der Glaube darin, Gott zu bekennen; aber den Gott, der sich uns seit der Zeit unserer Väter bis in unsere Zeit offenbart hat: der Gott der Geschichte. Er ist der Gott, zu dem wir uns jeden Tag im Glaubensbekenntnis bekennen.

Wir müssen glauben, indem wir den Glauben bekennen, und den Glauben auch gut bewahren, und uns Gott, dem Herrn, anvertrauen.

Sich anvertrauen bringt uns dazu, Hoffnung zu haben. Genauso, wie das Bekennen des Glaubens uns dazu bringt, Gott anzubeten und zu loben, so bringt uns das Uns-Gott-Anvertrauen dazu, Hoffnung zu haben.

Aber es gibt viele Christen, die eine sehr verwässerte Hoffnung hegen, eine verwässerte Hoffnung, die alles andere als stark ist. Und was sei der Grund für diese schwache Hoffnung? Eben der Mangel an Kraft und Mut, sich dem Herrn anzuvertrauen. Wenn wir hingegen siegreiche Christen sein wollen, dann müssen wir glauben, indem wir den Glauben bekennen, und den Glauben auch gut bewahren, und uns Gott, dem Herrn, anvertrauen. Und das ist der Sieg, der die Welt überwunden hat: unser Glaube.

Frühmesse am 10. Januar 2014

15. Dezember

Mut zum Gebet

Dann sagte er zu ihnen: Wenn einer von euch einen Freund hat und um Mitternacht zu ihm geht und sagt: Freund, leih mir drei Brote;
denn einer meiner Freunde, der auf Reisen ist, ist zu mir gekommen, und ich habe ihm nichts anzubieten!,
wird dann etwa der Mann drinnen antworten: Lass mich in Ruhe, die Tür ist schon verschlossen und meine Kinder schlafen bei mir; ich kann nicht aufstehen und dir etwas geben?
Ich sage euch: Wenn er schon nicht deswegen aufsteht und ihm seine Bitte erfüllt, weil er sein Freund ist, so wird er doch wegen seiner Zudringlichkeit aufstehen und ihm geben, was er braucht.
Darum sage ich euch: Bittet, dann wird euch gegeben; sucht, dann werdet ihr finden; klopft an, dann wird euch geöffnet.
Denn wer bittet, der empfängt; wer sucht, der findet; und wer anklopft, dem wird geöffnet.
Oder ist unter euch ein Vater, der seinem Sohn eine Schlange gibt, wenn er um einen Fisch bittet,
oder einen Skorpion, wenn er um ein Ei bittet?
Wenn nun schon ihr, die ihr böse seid, euren Kindern gebt, was gut ist, wie viel mehr wird der Vater im Himmel den Heiligen Geist denen geben, die ihn bitten.

Lk 11,5-13

Unser Gebet soll mutig sein, nicht lau, sofern wir nicht nur die erforderlichen Gnaden erlangen wollen, sondern durch das Gebet auch den Herrn kennenlernen wollen. Wenn wir darum bitten, dann wird er selbst uns seine Gnade bringen. Das Lukasevangelium (11, 5–13) „mit diesem Gleichnis vom bittenden Freund, vom lästigen Freund, der mitten in der Nacht zu einem anderen Freund geht, um ihn um Brot für einen soeben bei ihm angekommenen Bekannten zu bitten, dem er nichts anzubieten hatte“, erinnert an die Notwendigkeit, wenn nötig, inständig zu beten, sich aber doch immer selbst einzubringen. „Bei dieser Bitte muss der Freund aufstehen und ihm das Brot geben. Und an einer weiteren Stelle spricht Jesus davon: im Gleichnis von der Witwe, die zum gottlosen Richter ging, der sie nicht anhörte, sie nicht anhören wollte; aber sie war aufdringlich, belästigte ihn so sehr, dass er am Ende doch Recht sprach, wie sie gebeten hatte, um sie in einer Weise, die ihr nicht allzu lästig war, loszuwerden. Das lässt uns an unser Gebet denken. Wie beten wir? Beten wir einfach so, aus Gewohnheit, fromm, aber ruhig, oder stellen wir uns mutig vor den Herrn, um seine Gnade zu erbitten, um das zu erhalten, worum wir beten?“

Wenn man betet, dann braucht man den Mut, darauf zu vertrauen, dass uns der Herr erhört, den Mut, an seine Tür zu klopfen.

Die richtige Einstellung ist wichtig, weil ein Gebet, das nicht mutig ist, kein richtiges Gebet ist. Wenn man betet, dann braucht man den Mut, darauf zu vertrauen, dass uns der Herr erhört, den Mut, an seine Tür zu klopfen. Der Herr sagt das selbst, denn dem, der bittet, wird gegeben und dem, der an die Tür klopft, wird aufgetan. Aber ist unser Gebet wirklich so? Oder beschränken wir uns darauf, zu sagen: „Herr, ich benötige etwas, erweis mir die Gnade“? Kurz, „nehmen wir inneren Anteil am Gebet? Verstehen wir es, an Gottes Herz zu klopfen?“

‚Ist unter euch ein Vater, der seinem Sohn eine Schlange gibt, wenn er um einen Fisch bittet, oder einen Skorpion, wenn er um ein Ei bittet?

Wenn nun schon ihr, die ihr böse seid, euren Kindern gebt, was gut ist, wie viel mehr wird der Vater im Himmel ...‘ Und wir erwarten, dass er fortfährt, indem er sagt: Ich werde euch gute Dinge geben. Aber nein, das ist nicht, was er sagt! ‚Er wird den Heiligen Geist denen geben, die ihn bitten.‘ Und das ist etwas sehr Großes. Denn wenn wir mutig beten, dann erweist uns der Herr nicht nur die Gnade, sondern in der Gnade gibt er uns auch sich selbst. Denn der Herr gibt oder schickt niemals eine Gnade per Post: er bringt sie selbst, er ist die Gnade!

Wir bitten um eine Gnade, aber wir wagen nicht zu sagen: Komm du und bring sie uns. Wir wissen, dass es immer er ist, der die Gnade bringt: er ist es, der kommt und sie uns bringt. Geben wir nicht die traurige Figur ab, die Gnade anzunehmen und nicht zu erkennen, dass der, der sie uns bringt, der Herr selbst ist.

Frühmesse am 10. Oktober 2013

16. Dezember

Gnade empfangen

Ein reuiges Herz, das die eigenen Sünden zu erkennen vermag, ist die grundlegende Voraussetzung dafür, den Weg des Heils einschlagen zu können. Dann flößt uns das Gericht des Herrn keine Angst ein, sondern es schenkt Hoffnung.
Den Christen, die bereuen, die es fertiggebracht haben, einzugestehen: „Ja, wir sind Sünder", vergibt der Herr, und er hat dieses Wort an sie gerichtet, das eines jener Worte des Alten Testaments ist, die voller Hoffnung sind: „Ich lasse in deiner Mitte übrig ein demütiges und armes Volk, das seine Zuflucht sucht beim Namen des Herrn." Man kann hier die drei Eigenschaften des Volkes Gottes erkennen: Demut, Armut und Gottvertrauen. Und gerade dies ist der Weg zum Heil. Die anderen Menschen dagegen wollen nicht hören und nehmen sich keine Warnung zu Herzen. Sie verlassen sich nicht auf den Herrn, deshalb kann ihnen das Heil nicht zuteil werden: sie haben sich vor dem Heil verschlossen.
Wenn du nicht auf den Herrn hörst, wenn du seinen Tadel nicht annimmst und ihm nicht vertraust, dann ist dein Herz nicht reuig.
Wenn wir so weit sind, dass wir zum Herrn sagen können: „Herr, das hier sind meine Sünden, nicht die von diesem oder jenem... Es sind die meinen. Nimm du sie. Dadurch werde ich erlöst, dann werden wir dieses schöne Volk sein, dieses demütige und arme Volk, das seine Zuflucht sucht im Namen des Herrn.

Frühmesse am 16. Dezember 2014

17. Dezember

Gottes Liebe spüren

[Die Familie ist das] große Geschenk, das der Herr von Anfang an der Welt gemacht hat, als er Adam und Eva aufgetragen hat, sich zu vermehren und die Erde zu bevölkern (vgl. Gen 1,28). Dieses Geschenk hat Jesus in seinem Evangelium bestätigt und besiegelt.
Die Nähe des Weihnachtsfestes wirft ein helles Licht auf dieses Geheimnis. Die Menschwerdung des Sohnes Gottes eröffnet einen Neubeginn in der Universalgeschichte des Mannes und der Frau. Und dieser Neubeginn findet im Schoße einer Familie statt, in Nazaret. Jesus wurde in diese Familie hineingeboren. Er hätte auf spektakuläre Weise kommen können oder als Krieger, als Kaiser... Nein, nein: Er kommt als Sohn einer Familie, in eine Familie. Das ist wichtig: in der Krippe diese wunderschöne Szene zu betrachten. Gott wollte in einer menschlichen Familie geboren werden, die er selbst gebildet hat. Er hat sie in einem entlegenen Dorf am Rande des Römischen Reiches gebildet. Nicht in Rom, der Hauptstadt des Reiches, nicht in einer großen Stadt, sondern in einem fast unsichtbaren, ja sogar ziemlich verrufenen Randgebiet. Daran erinnern auch die Evangelien, es ist fast wie eine Redensart: „Aus Nazaret? Kann von dort etwas Gutes kommen?" (Joh 1,46). Vielleicht reden wir selbst in vielen Teilen der Welt noch so, wenn wir den Namen irgendeines Randgebietes einer großen Stadt hören. Und dennoch: Gerade dort, am Rande des großen Reiches, hat die heiligste und beste Geschichte begonnen, die Geschichte Jesu unter den Menschen! Und dort befand sich diese Familie.
Jesus ist 30 Jahre lang in diesem Randgebiet geblieben. Der

Der Neubeginn findet im Schoß einer Familie statt.

Evangelist Lukas fasst diese Zeit so zusammen: Jesus „war ihnen [also Maria und Josef] gehorsam". Und man könnte sagen: „Hat dieser Gott, der kommt, um uns zu retten, denn 30 Jahre dort, in jenem verrufenen Randgebiet, vergeudet?" Er hat 30 Jahre vergeudet! Er wollte das. Der Weg Jesu fand in jener Familie statt. „Seine Mutter bewahrte alles, was geschehen war, in ihrem Herzen. Jesus aber wuchs heran, und seine Weisheit nahm zu, und er fand Gefallen bei Gott und den Menschen" (2,51-52). Es ist nicht die Rede von Wundern oder Heilungen, von Verkündigung – er hat in jener Zeit nicht gelehrt –, von Menschenmengen, die herbeilaufen. In Nazaret scheint alles „normal" vor sich zu gehen, den Gewohnheiten einer frommen und arbeitsamen israelitischen Familie zufolge: Man arbeitete, die Mutter kochte, machte die ganze Hausarbeit, bügelte die Hemden... all die Dinge, die Mütter tun. Der Vater, ein Tischler, arbeitete, lehrte den Sohn zu arbeiten. 30 Jahre lang. „Welch eine Vergeudung, Vater!" Gottes Wege sind geheimnisvoll. Was dort jedoch wichtig war, war die Familie! Und das war keine Vergeudung! Sie waren große Heilige: Maria, die heiligste, unbefleckte Frau, und Josef, der gerechteste Mann ... die Familie.

Das ist die große Mission der Familie: Raum zu schaffen für Jesus.

Gewiss wären wir ergriffen von dem Bericht, wie der heranwachsende Jesus die Gebräuche der Religionsgemeinschaft und die Pflichten des sozialen Lebens wahrnahm; zu erfahren, wie er als junger Handwerker mit Josef arbeitete; und auch wie er am Hören der Schrift, am Gebet der Psalmen und an vielen anderen Gebräuchen des täglichen Lebens teilnahm. Die Evangelien berichten in ihrer Nüchternheit nichts über die Jugend Jesu und überlassen diese Aufgabe unserer liebevollen Betrachtung. Die Kunst, die Literatur, die Musik sind diesen Weg gegangen und haben sich dies ausgemalt. Gewiss ist es für uns nicht schwierig, uns vorzustellen, wie viel die Mütter von Marias Fürsorge für ihren Sohn lernen könnten! Und wie viel die Väter dem Vorbild Josefs, des Gerechten, entnehmen könnten, der sein Leben dem Unterhalt und dem Schutz von Kind und Ehefrau – seiner Familie – auf ihrem schwierigen Weg widmete! Ganz zu schweigen davon, wie sehr die Jugendlichen vom heranwachsenden Jesus ermutigt werden könnten, zu verstehen, wie notwendig und schön es ist, ihre tiefste Berufung zu pflegen und große Träume zu haben! Und Jesus hat in jenen 30 Jahren seine Berufung gepflegt, für die der Vater ihn gesandt hat. Jesus hat in jener Zeit nie den Mut verloren, sondern sein Mut, seine Sendung fortzusetzen, ist gewachsen. Jede christliche Familie kann – wie Maria und Josef es getan haben – vor allem Jesus annehmen, ihm zuhören, mit ihm sprechen, ihn behüten, ihn schützen, mit ihm wachsen und so die Welt verbessern. Wir wollen in unserem Herzen und in unserem Tagesablauf Raum schaffen für den Herrn. Das taten auch Maria und Josef, und es war nicht leicht: Wie viele Schwierigkeiten mussten sie überwinden! Es war keine fiktive Familie, es war keine unechte Familie. Die Familie von Nazaret verpflichtet uns, die Berufung und die Mission der Familie, jeder Familie, neu zu entdecken.

> Die Familie von Nazaret verpflichtet uns, die Familie neu zu entdecken.

Und wie es in jenen 30 Jahren in Nazaret geschehen ist, so kann es auch für uns geschehen: die Liebe und nicht den Hass normal werden zu lassen, die gegenseitige Hilfe und nicht die Gleichgültigkeit oder die Feindschaft zur Gewohnheit werden zu lassen. Es ist daher kein Zufall, dass „Nazaret" bedeutet: „sie, die bewahrt". Wie Maria: Sie „bewahrte

alles, was geschehen war, in ihrem Herzen", wie es im Evangelium heißt (Lk 2,19.51). Seitdem ist überall dort, wo es eine Familie gibt, die dieses Geheimnis bewahrt – auch am Rande der Welt –, das Geheimnis des Gottessohnes am Werk, das Geheimnis Jesu, der kommt, um uns zu retten. Und er kommt, um die Welt zu retten. Und das ist die große Mission der Familie: Raum zu schaffen für Jesus, der kommt; Jesus anzunehmen in der Familie, in der Person der Kinder, des Ehemannes, der Ehefrau, der Großeltern ... Jesus ist dort. Ihn dort anzunehmen, damit er geistlich in jener Familie wächst. Der Herr gewähre uns diese Gnade in diesen letzten Tagen vor Weihnachten. Danke.
Betrachtet die heilige Familie als Heim, als lebendigen und geistigen Raum für den heranwachsenden Jesus. Öffnet ihm eure Herzen und eure Häuser und gebt die Gaben seiner Liebe der Welt weiter. Gott segne eure Familien!

Generalaudienz am 17. Dezember 2014

18. Dezember

Erlöser, wahrer Gott

Die Liturgie will uns auf das unmittelbar bevorstehende Weihnachtsfest vorbereiten, indem sie uns einlädt, den Bericht über die Verkündigung durch den Engel an Maria zu betrachten. Der Erzengel Gabriel offenbart der Jungfrau den Willen des Herrn, dass sie die Mutter seines eingeborenen Sohnes werden soll: „Du wirst ein Kind empfangen, einen Sohn wirst du gebären: dem sollst du den Namen Jesus geben. Er wird groß sein und Sohn des Höchsten genannt werden" (Lk 1,31-32). Richten wir den Blick auf dieses einfache Mädchen aus Nazaret, in dem Moment, in dem sie mit ihrem „Ja" ihre Bereitschaft für die göttliche Botschaft erklärt; greifen wir zwei wesentliche Aspekte ihrer Haltung auf, die uns als Vorbild für unsere Vorbereitung auf das Weihnachtsfest dienen kann. Vor allem ihr Glaube, ihre Haltung des Glaubens, die darin besteht, auf das Wort Gottes zu hören, um sich diesem Wort in voller Bereitschaft des Herzens und des Sinns zu überlassen. Maria antwortet dem Engel und sagt: „Ich bin die Magd des Herrn; mir geschehe, wie du es gesagt hast" (V. 38). In ihrem vom Glauben erfüllten „Hier bin ich" weiß Maria nicht, auf welche Wege sie sich begeben, welche Schmerzen sie erleiden muss, welchen Gefahren sie begegnen wird. Doch sie ist sich dessen bewusst, dass es der Herr ist, der dies fordert, und sie vertraut sich ihm völlig an, sie überlässt sich seiner Liebe. Das ist der Glaube Marias!

Maria vertraut sich dem Herrn völlig an.

Ein weiterer Aspekt besteht in der Fähigkeit der Mutter Christi, die Zeit Gottes zu erkennen. Maria ist jene, die die Menschwerdung des Sohnes Gottes ermöglicht hat, die „Offenbarung jenes Geheimnisses, das seit ewigen Zeiten unausgesprochen war“ (Röm 16,25). Sie hat die Menschwerdung dank ihres demütigen und beherzten „Ja“ ermöglicht. Maria lehrt uns, den richtigen Moment zu ergreifen, in dem Jesus in unser Leben tritt und eine bereitwillige und großherzige Antwort fordert. Und Jesus kommt zu uns. Das Geheimnis der Geburt Jesu in Betlehem, die sich historisch vor mehr als 2000 Jahren zutrug, verwirklicht sich als geistliches Ereignis im „Heute“ der Liturgie. Das Wort, das im jungfräulichen Schoß Marias Wohnstatt genommen hatte, kommt in der Feier der Weihnacht, um erneut an das Herz eines jeden Christen zu klopfen: es kommt vorbei und klopft an. Ein jeder von uns ist aufgerufen, wie Maria mit einem persönlichen und aufrichtigen „Ja“ zu antworten und sich ganz für Gott und seine Barmherzigkeit, seine Liebe bereitzustellen. Wie oft kommt doch Jesus in unserem Leben vorbei, und wie oft schickt er uns einen Engel, und wie oft bemerken wir das nicht, weil wir so sehr beschäftigt sind, versunken in unsere Gedanken, in unsere Geschäfte und in diesen Tagen sogar in unsere Weihnachtsvorbereitungen, so dass wir ihn nicht bemerken, wie er vorbeigeht und an die Tür unseres Herzens klopft und um Aufnahme bittet, um ein „Ja“ wie jenes „Ja“ Marias bittet. Ein Heiliger sagte: „Ich habe Angst, dass der Herr kommt.“ Wisst ihr, warum er Angst hatte? Angst davor, es nicht zu bemerken und sein Kommen zu verpassen. Wenn wir in unserem Herzen spüren: „Ich möchte besser sein... Mich reut, was ich getan habe...“ Es ist der Herr, der anklopft. Er lässt dich das spüren: das Verlangen, besser zu sein, das Verlangen, näher bei den anderen, bei Gott zu sein. Wenn du das spürst, dann halte ein. Da ist der Herr! Und geh beten, und vielleicht zur Beichte, um ein wenig

Antworten wir dem Herrn mit „Ja“ und stellen wir uns seiner Liebe bereit.

„sauberzumachen" ...: das tut gut. Doch denk daran: wenn du dieses Verlangen verspürst, besser zu werden, ist er es, der anklopft. Lass ihn nicht vorbeigehen!

Im Geheimnis der Geburt Christi finden wir neben Maria die stille Gegenwart des hl. Josef, wie dies in jeder Krippe dargestellt wird – auch in der, die ihr hier auf dem Petersplatz bewundern könnt. Das Beispiel Marias und Josefs ist für uns alle eine Einladung, in vollkommenerer Offenheit der Seele Jesus aufzunehmen, der aus Liebe unser Bruder geworden ist. Er kommt, um der Welt das Geschenk des Friedens zu bringen: „Auf Erden ist Friede bei den Menschen seiner Gnade" (Lk 2,14), wie der Chor der Engel den Hirten verkündete. Das kostbare Geschenk von Weihnachten ist der Friede, und Christus ist unser wahrer Friede. Christus klopft an unsere Herzen, um uns den Frieden zu schenken, den Frieden der Seelen. Öffnen wir die Tore für Christus! Wir wollen uns der Fürsprache unserer Mutter und des hl. Josefs anvertrauen, um eine wahrhaft christliche Weihnacht zu leben, frei von jeglicher Weltlichkeit, bereit, den Heiland, den Gott-mit-uns, aufzunehmen. [...]

Öffnen wir die Tore für Christus!

Vergesst nicht: Er kommt zu uns, und wenn du das Verlangen verspürst, besser zu werden, besser zu sein, ist es der Herr, der an deine Tür klopft. An diesem Weihnachten kommt der Herr zu uns. Ich wünsche allen ein Weihnachten voller Hoffnung, mit den Türen, die für den Herrn offen sind, ein Weihnachten der Freude und der Brüderlichkeit.

Angelusgebet am 21. Dezember 2014

19. Dezember

Im Licht der Herrlichkeit Gottes

Zur Zeit des Herodes, des Königs von Judäa, lebte ein Priester namens Zacharias, der zur Priesterklasse Abija gehörte. Seine Frau stammte aus dem Geschlecht Aarons; sie hieß Elisabet.
Beide lebten so, wie es in den Augen Gottes recht ist, und hielten sich in allem streng an die Gebote und Vorschriften des Herrn.
Sie hatten keine Kinder, denn Elisabet war unfruchtbar, und beide waren schon in vorgerücktem Alter.
Eines Tages, als seine Priesterklasse wieder an der Reihe war und er beim Gottesdienst mitzuwirken hatte,
wurde, wie nach der Priesterordnung üblich, das Los geworfen, und Zacharias fiel die Aufgabe zu, im Tempel des Herrn das Rauchopfer darzubringen.
Während er nun zur festgelegten Zeit das Opfer darbrachte, stand das ganze Volk draußen und betete.
Da erschien dem Zacharias ein Engel des Herrn; er stand auf der rechten Seite des Rauchopferaltars.
Als Zacharias ihn sah, erschrak er, und es befiel ihn Furcht.
Der Engel aber sagte zu ihm: Fürchte dich nicht, Zacharias! Dein Gebet ist erhört worden. Deine Frau Elisabet wird dir einen Sohn gebären; dem sollst du den Namen Johannes geben.
Große Freude wird dich erfüllen, und auch viele andere werden sich über seine Geburt freuen.
Denn er wird groß sein vor dem Herrn. Wein und andere berauschende Getränke wird er nicht trinken, und schon im Mutterleib wird er vom Heiligen Geist erfüllt sein.
Viele Israeliten wird er zum Herrn, ihrem Gott, bekehren.
Er wird mit dem Geist und mit der Kraft des Elija dem Herrn vorangehen, um das Herz der Väter wieder den Kindern zu-

zuwenden und die Ungehorsamen zur Gerechtigkeit zu führen und so das Volk für den Herrn bereit zu machen.
Zacharias sagte zu dem Engel: Woran soll ich erkennen, dass das wahr ist? Ich bin ein alter Mann, und auch meine Frau ist in vorgerücktem Alter.
Der Engel erwiderte ihm: Ich bin Gabriel, der vor Gott steht, und ich bin gesandt worden, um mit dir zu reden und dir diese frohe Botschaft zu bringen.
Aber weil du meinen Worten nicht geglaubt hast, die in Erfüllung gehen, wenn die Zeit dafür da ist, sollst du stumm sein und nicht mehr reden können bis zu dem Tag, an dem all das eintrifft.
Inzwischen wartete das Volk auf Zacharias und wunderte sich, dass er so lange im Tempel blieb.
Als er dann herauskam, konnte er nicht mit ihnen sprechen. Da merkten sie, dass er im Tempel eine Erscheinung gehabt hatte. Er gab ihnen nur Zeichen mit der Hand und blieb stumm.
Als die Tage seines Dienstes (im Tempel) zu Ende waren, kehrte er nach Hause zurück.
Bald darauf empfing seine Frau Elisabet einen Sohn und lebte fünf Monate lang zurückgezogen. Sie sagte:
Der Herr hat mir geholfen; er hat in diesen Tagen gnädig auf mich geschaut und mich von der Schande befreit, mit der ich in den Augen der Menschen beladen war.

Lk 1,5-25

Um wahrhaft Mutter sein zu können, muss die Kirche sich von der Neuheit Gottes überraschen lassen, der durch das Wirken des Heiligen Geistes alle Dinge neu macht. Andernfalls läuft sie Gefahr, unfruchtbar zu werden, am Pelagianismus zu erkranken, am Egoismus, am Machthunger, am

Wunsch, sich der Gewissen zu bemächtigen, was so weit geht, dass sie zur Unternehmerin wird. Ich warne euch vor dieser Versuchung.

Das Wort, über das uns die Kirche kurz vor Weihnachten nachdenken lässt, das wichtigste Wort [im Evangelium nach Lukas 1, 5-25] lautet „Unfruchtbarkeit". Und in der Tat präsentiert uns die Liturgie diese beiden unfruchtbaren Frauen, die keine Kinder hatten, die keine Kinder haben konnten. Die Unfruchtbarkeit im Volk Israel war etwas, womit es sich schwer leben ließ: man könnte fast sagen, dass es geradezu als eine Art von Fluch betrachtet wurde, unfruchtbar zu sein, denn wenn man keine Kinder hatte, war man außerstande, das Gebot des Herrn zu erfüllen, die Erde mit neuen Lebewesen zu füllen. Und trotzdem kommen in der Bibel zahlreiche unfruchtbare Frauen vor, und zwar stets aus wichtigen Gründen. Angefangen bei unserer Mutter Sarah: sie war unfruchtbar, aber der Herr vollbringt das Wunder. Und auch die Mutter Samuels ist unfruchtbar, auch in diesem Fall tut der Herr ein Wunder. Und auch die Tochter des Jiftach ging in die Berge, um ihre Jungfräulichkeit zu beweinen, weil sie vor ihrem Tod keine Kinder haben konnte.

Also warten wir auf die Neuigkeit Gottes!

Also war die Unfruchtbarkeit etwas Schlimmes, etwas sehr Schlimmes. Im Lukasevangelium zeigt uns die Kirche dieses Symbol der Unfruchtbarkeit, gerade kurz vor der Geburt Jesu, anhand einer Frau, die keine Kinder gebären kann. Das ist das Zeichen für eine Menschheit, die außerstande ist, einen weiteren Schritt zu gehen: viele unfruchtbare Frauen waren alt, ihr Leib war nicht mehr fruchtbar.

Und die Kirche will, dass wir über die unfruchtbare Menschheit nachdenken, über die Menschheit, die an einem Punkt angelangt ist, von dem aus es nicht mehr weiter ging. Das Gesetz Mose sah vor, dass ein Toter Nachkommen haben sollte, denn es war sehr wichtig, Nachkommen zu haben, Leben zu schenken. Diesen unfruchtbaren Frauen widerfährt ein Wunder, ihnen wird die Gnade des Herrn zuteil, und sie werden fähig dazu, ein Kind zu empfangen. Der Herr ist dazu imstande, aus der Unfruchtbarkeit eine neue Nachkommenschaft hervorgehen zu lassen, ein neues Leben: das ist die Botschaft. Daher kommt dann, wenn die Menschheit am Ende ist, wenn sie nicht mehr weitergehen kann, die Gnade, und es kommt der Sohn, und es kommt das Heil. Und so macht diese erloschene Menschheit Platz für eine neue Schöpfung, man könnte sagen eine „zweite Schöpfung“.

Warten wir auf das wahre Weihnachten: Die Neuheit Gottes, der die Schöpfung, der alle Dinge noch viel wunderbarer neu macht.

[...] Die Botschaft besteht gerade in dieser „zweiten“ Schöpfung, in dem Augenblick, wo die Erde am Ende ist: wir warten auf den Herrn, der dazu imstande ist, alles neu zu erschaffen, alle Dinge neu zu machen. Also warten wir auf die Neuigkeit Gottes. Das ist im Übrigen das, was Weihnachten ist: die Neuheit Gottes, der die Schöpfung, der alle Dinge noch viel wunderbarer neu macht.

Es ist seltsam, [...] dass in dem Text über Elisabet vom Heiligen Geist die Rede ist, um zu erläutern, wie Gott das tun wird, wie das geschehen wird: „Der Geist des Herrn begann, ihn umherzutreiben“, so sagt man. Und diese „Neu-Schöpfung“ ist nur mit Hilfe des Geistes Gottes möglich. Wie laute also die Botschaft? Öffnen wir uns für den Geist Gottes. Aus eigener Kraft können wir es nicht schaffen: er ist es, der die Dinge bewirken kann.

Dieses Thema der Unfruchtbarkeit lässt mich auch an unsere Mutter, die Kirche, denken, an soviel Unfruchtbarkeit, die unsere Mutter, die Kirche, plagt, wenn unter dem Gewicht der Hoffnung auf die Gebote dieser Pelagianismus, den wir alle in unseren Knochen tragen, unfruchtbar wird. [...]

Öffnen wir uns für den Geist Gottes.

Dagegen ist die Kirche nur dann Mutter und kann Mutter werden, wenn sie sich für die Neuheit Gottes öffnet, der Kraft des Heiligen Geistes öffnet. Das ist dann der Fall, wenn sie zu sich selbst sagt: „Ich tue alles, aber ich bin am Ende, ich kann nicht weitergehen“, und „der Heilige Geist kommt“. Betet für unsere Mutter, die Kirche. [...] Sorgt dafür, dass dieses Weihnachten sich auch unsere Kirche für die Gabe Gottes öffnet, dass sie dazu imstande ist, sich überraschen zu lassen vom Heiligen Geist: eine Kirche, die Kinder haben möge, die Mutter ist.

Stattdessen denke ich sehr oft, dass die Kirche an einigen Orten weniger Mutter ist als vielmehr Unternehmerin. Daher bitten wir den Herrn angesichts dieser Geschichte der Unfruchtbarkeit des Volkes Gottes und der unzähligen Geschichten aus der Kirchengeschichte, die die Kirche unfruchtbar gemacht haben, heute, angesichts der Krippe, um die Gnade der Fruchtbarkeit für die Kirche. Um die Gnade, dass die Kirche an allererster Stelle eine Mutter sei wie Maria: eine Mutter!

Frühmesse am 19. Dezember 2014

Mit Gottes Barmherzigkeit

[4. Adventssonntag]

„Uns ist ein Kind geboren, ein Sohn ist uns geschenkt“
(Jes 9,5)

Das Bild vom heiligen Jesuskind begleitete die Verbreitung des Evangeliums. Mit königlichen Gewändern bekleidet und eine Krone auf dem Haupt, trägt es das Zepter, den Globus und das Kreuz. So erinnert es uns ständig an die Verbindung zwischen dem Reich Gottes und dem Geheimnis der spirituellen Kindschaft. Jesus sagt es uns im Evangelium: „Wer das Reich Gottes nicht so annimmt wie ein Kind, der wird nicht hineinkommen.“ (Mk 10,15). Das Jesuskind verkündet uns fortwährend, dass das Licht der Gnade Gottes über einer Welt aufgestrahlt ist, die in der Finsternis wohnte. Es bringt die Frohe Botschaft unserer Freiheit von der Sklaverei und führt uns auf die Wege des Friedens, des Rechtes und der Gerechtigkeit. Das Jesuskind erinnert uns auch an unsere Berufung, Christi Reich auf der ganzen Welt zu verbreiten.

Das Lied „Wir alle sind Kinder Gottes“ [trifft es im Kern:] Das ist es, was das Jesuskind uns sagt. Es erinnert uns an unsere eigentliche Identität. Wir alle sind Kinder Gottes, Mitglieder der göttlichen Familie. Heute hat der heilige Paulus uns verkündet, dass wir in Christus Gottes Adoptivkinder geworden sind, Brüder und Schwestern in Christus. Das ist es, was wir sind. Das ist unsere Identität.

Der Apostel sagt uns, dass wir reich gesegnet sind, da Gott uns erwählt hat! „Er hat uns mit allem Segen seines Geistes gesegnet durch unsere Gemeinschaft mit Christus im Himmel“ (Eph 1,3).

Gott hat uns zu einem bestimmten Zweck erwählt und gesegnet: heilig und untadelig vor ihm zu sein (vgl. Eph 1,4). Er hat uns erwählt – einen jeden von uns –, damit wir in dieser Welt Zeugen seiner Wahrheit und seiner Gerechtigkeit sind. Er hat die Welt als einen wunderschönen Garten erschaffen und uns aufgefordert, für sie zu sorgen. Doch durch die Sünde hat der Mensch diese natürliche Schönheit entstellt; durch die Sünde hat der Mensch auch die Einheit und Schönheit unserer Menschheitsfamilie zerstört und Gesellschaftsstrukturen geschaffen, die Armut, Unwissenheit und Korruption fortbestehen lassen.

Manchmal, wenn wir überall um uns Mühen, Schwierigkeiten und Unrecht sehen, sind wir versucht aufzugeben. Es scheint, als gelten die Verheißungen des Evangeliums nicht; als seien sie unrealistisch. Doch die Bibel sagt uns, dass die große Gefährdung von Gottes Plan mit uns von jeher die Lüge ist. Der Teufel ist der Vater der Lügen. Oft verbirgt er seine Fallen hinter dem Anschein der Kultiviertheit, hinter der Verlockung, „modern" und „wie alle anderen" zu sein. Er lenkt uns ab mit dem Köder kurzlebiger Vergnügen, oberflächlichen Zeitvertreibs. Und so vergeuden wir unsere gottgegebenen Geschenke, indem wir uns mit Schnickschnack beschäftigen; wir verschwenden unser Geld für Spiel und Getränke und drehen uns um uns selbst. Wir vergessen, auf die Dinge ausgerichtet zu bleiben, auf die es wirklich ankommt. Wir vergessen, im Innersten Kinder Gottes zu bleiben. Das ist Sünde: im Herzen vergessen, dass wir Kinder Gottes sind. Denn Kinder haben, wie der Herr uns sagt, ihre eigene Weisheit, die nicht die Weisheit der Welt ist. Darum ist die Botschaft vom Jesuskind so wichtig. Es spricht uns alle zutiefst an. Es erinnert uns an

Das ist Sünde: im Herzen vergessen, dass wir Kinder Gottes sind.

unsere eigentliche Identität, an das, was wir als Gottes Familie zu sein berufen sind.
Das Jesuskind erinnert uns auch daran, dass diese Identität geschützt werden muss. Christus als Kind ist der Schutzherr. Als er in die Welt kam, war sein eigenes Leben durch einen korrupten König bedroht. Jesus selbst bedurfte des Schutzes. Er hatte einen irdischen Beschützer: den heiligen Josef. Er hatte eine irdische Familie, die Heilige Familie von Nazaret. Auf diese Weise erinnert er uns daran, wie wichtig es ist, unsere Familien zu schützen wie auch jene umfassenderen Familien, nämlich die Kirche – die Familie Gottes – und die Welt – unsere Menschheitsfamilie. Leider muss die Familie in unseren Tagen allzu oft gegen heimtückische Angriffe und Programme verteidigt werden, die im Gegensatz zu all dem stehen, was uns wahr und heilig ist, zum Schönsten und Edelsten in unserer Kultur.

Wir sind reich gesegnet, da Gott uns erwählt hat.

Im Evangelium empfängt Jesus die Kinder, er umarmt und segnet sie. Auch wir müssen unsere Jugendlichen schützen, führen und ermutigen, indem wir ihnen helfen, eine Gesellschaft aufzubauen, die ihres großen spirituellen und kulturellen Erbes würdig ist. Besonders müssen wir jedes Kind als ein Geschenk betrachten, das angenommen, gehegt und beschützt werden muss. Und wir müssen uns um unsere jungen Menschen kümmern und nicht zulassen, dass sie ihrer Hoffnung beraubt und dazu verurteilt werden, auf der Straße zu leben.
Ein zartes, schutzbedürftiges Kind war es, das Gottes Güte, Barmherzigkeit und Gerechtigkeit in die Welt brachte. Gottes Sohn widersetzte sich der Unehrlichkeit und der Korruption, welche die Erbschaft der Sünde sind, und besiegte sie durch

die Kraft des Kreuzes. Ich empfehle euch Jesus an, der als ein Kind in unsere Mitte kam. Möge er all die geliebten Menschen befähigen zusammenzuarbeiten, indem sie beim Aufbau einer Welt der Gerechtigkeit, der Rechtschaffenheit und des Friedens einander beschützen – angefangen bei euren Familien und Gemeinschaften.

Predigt in Manila am 18. Januar 2015

21. Dezember

Gott wird Kind

Bittet, dann wird euch gegeben; sucht, dann werdet ihr finden; klopft an, dann wird euch geöffnet.
Denn wer bittet, der empfängt; wer sucht, der findet; und wer anklopft, dem wird geöffnet.
Oder ist einer unter euch, der seinem Sohn einen Stein gibt, wenn er um Brot bittet,
oder eine Schlange, wenn er um einen Fisch bittet?
Wenn nun schon ihr, die ihr böse seid, euren Kindern gebt, was gut ist, wie viel mehr wird euer Vater im Himmel denen Gutes geben, die ihn bitten.
Alles, was ihr also von anderen erwartet, das tut auch ihnen! Darin besteht das Gesetz und die Propheten.

Mt 7,7-12

„Curare" bedeutet für etwas oder jemanden eifriges und aufmerksames Interesse zu zeigen, was sowohl unseren Geist als auch unsere Aktivität umfasst. Es bedeutet, aufmerksam auf den zu blicken, der Beistand braucht, ohne an etwas anderes zu denken. Es bedeutet, selbst Sorge zu tragen oder die Fürsorge eines anderen zu empfangen. Mir kommt dabei das Bild der Mutter in den Sinn, die sich mit vollkommener Hingabe um ihren kranken Sohn kümmert und den Schmerz ihres Sohnes als ihren eigenen betrachtet. Sie blickt nie auf die Uhr, sie beschwert sich nie, dass sie die ganze Nacht nicht geschlafen hat, sie wünscht nichts anderes, als dass er geheilt sei, mag es sie auch noch so viel kosten.
Erlaubt mir, euch zu ermahnen, dieses Weihnachtsfest in einen echten Anlass zu verwandeln, jede Wunde zu „behandeln" und sich von jeder Verfehlung „heilen" zu lassen. Da-

her fordere ich euch auf: – euer geistliches Leben zu pflegen, eure Beziehung zu Gott, denn das ist das Rückgrat all dessen, was wir tun, und all dessen, was wir sind. Ein Christ, der sich nicht vom Gebet, den Sakramenten und dem Wort Gottes ernährt, verwelkt unweigerlich und vertrocknet: das geistliche Leben pflegen; – euer Familienleben zu pflegen, indem ihr euren Kindern und Familienangehörigen nicht nur Geld gebt, sondern vor allem Zeit, Aufmerksamkeit und Liebe; – eure Beziehungen zu den anderen zu pflegen, indem ihr den Glauben in Leben und die Worte in gute Werke verwandelt, insbesondere gegenüber den Bedürftigen; – auf eure Redeweise zu achten und die Sprache von den beleidigenden Worten, vulgären Ausdrücken und solchen weltlicher Dekadenz zu reinigen; – die Wunden des Herzens mit dem Öl der Vergebung zu heilen, indem wir den Menschen vergeben, die uns verletzt haben, und die Wunden behandeln, die wir den anderen zugefügt haben; – für eure Arbeit zu sorgen, indem ihr sie mit Begeisterung erfüllt, mit Demut, Kompetenz, Leidenschaft und einem Geist, der dem Herrn zu danken weiß; – sich heilen zu lassen von Neid, Gier, Hass und negativen Haltungen, die unseren inneren Frieden verzehren und uns in zerstörte und zerstörerische Menschen verwandeln; – vom Groll geheilt zu werden, der uns zur Rache führt, und von der Faulheit, die uns zu einer existenziellen Euthanasie führt, davon, mit dem Finger auf andere zu zeigen, was uns zum Hochmut führt, und von dem beständigen Klagen, das uns zur Verzweiflung führt. Ich weiß, dass man manchmal, um die Arbeit zu behalten, schlecht über einen spricht, um sich zu verteidigen.

Der Stolz war es, der die Engel in Dämonen verwandelt hat; die Demut ist es, die die Menschen den Engeln gleich macht (Heiliger Augustinus).

Ich verstehe diese Situationen, aber das endet nicht gut. Letztendlich werden wir alle untereinander zerstört sein, und das soll nicht sein, das nützt nichts. Vielmehr müssen wir vom Herrn die Weisheit erbitten, uns rechtzeitig auf die Zunge zu beißen, um keine beleidigenden Worte zu sagen, die einen bitteren Nachgeschmack haben; – sich um die schwachen Brüder und Schwestern zu kümmern: ich habe sehr viele schöne Beispiele dafür unter euch gesehen, und ich danke euch, Kompliment! Das heißt, sich um die alten Menschen, die Kranken, die Hungernden, die Obdachlosen und die Fremden zu kümmern, denn danach werden wir gerichtet werden; – dafür zu sorgen, dass das heilige Weihnachtsfest nie ein Fest des kommerziellen Konsums wird, des äußeren Scheins oder der nutzlosen Geschenke oder auch der überflüssigen Verschwendung, sondern dass es das Fest der Freude darüber sein möge, den Herrn in der Krippe und im Herzen aufzunehmen. Sorge tragen. Für viele Dinge Sorge tragen. Jeder von uns kann darüber nachdenken: „Für was muss ich am meisten sorgen?" Daran denken: „Heute werde ich mich darum kümmern." Aber sich vor allem um die Familie kümmern! Die Familie ist ein Schatz, die Kinder sind ein Schatz. Eine Frage, die die jungen Eltern sich stellen können: „Habe ich Zeit, um mit meinen Kindern zu spielen, oder bin ich immer beschäftigt und habe keine Zeit für die Kinder?" Ich überlasse euch die Frage. Mit den Kindern spielen: das ist so schön. Und es bedeutet, Zukunft zu säen.

Gebt euren Kindern vor allem Zeit, Aufmerksamkeit und Liebe!

Stellen wir uns vor, wie unsere Welt sich ändern würde, wenn jeder von uns jetzt und hier beginnen würde, sich ernsthaft um sich zu kümmern und großherzig seine Beziehung zu

Gott und zum Nächsten zu pflegen, wenn wir die goldene Regel des Evangeliums in die Praxis umsetzen würden, die Jesus in der Bergpredigt vorschlägt: „Alles, was ihr also von anderen erwartet, das tut auch ihnen! Darin besteht das Gesetz und die Propheten" (Mt 7,12). Wenn wir mit dem Blick der Güte und der Zärtlichkeit – so wie Gott uns anblickt, uns erwartet und uns vergibt – den Anderen anblicken würden, besonders den Bedürftigsten. Wenn wir in der Demut unsere Kraft und unseren Schatz finden würden! Und sehr häufig haben wir Angst vor der Zärtlichkeit, haben wir Angst vor der Demut!

Die Familie ist ein Schatz, die Kinder sind ein Schatz.

Das ist das wahre Weihnachten: das Fest der Armut Gottes, der sich entäußert hat und wie ein Sklave wurde (vgl. Phil 2,6), das Fest Gottes, der am Tisch bedient (vgl. Lk 12, 37), das Fest Gottes, der sich vor den Weisen und Klugen verbirgt und sich den Kleinen, Einfachen und Armen offenbart (vgl. Mt 11,25), das Fest „des Menschensohns, der nicht gekommen ist, um sich dienen zu lassen, sondern um zu dienen und sein Leben hinzugeben als Lösegeld für viele" (Mk 10,45). Aber es ist vor allem das Fest des Friedens, der vom Jesuskind auf die Erde gebracht wurde: „Friede zwischen Himmel und Erde, Friede zwischen den Völkern, Friede in unseren Herzen" (Liturgischer Hymnus), der von den Engeln besungene Friede: „Ehre sei Gott in der Höhe und Friede auf Erden den Menschen seiner Gnade" (vgl. Lk 2,14). Der Friede, der unsere Begeisterung braucht, unsere Sorge, um die kalten Herzen zu erwärmen, um die verzagten Seelen zu ermutigen und um die erloschenen Augen mit dem Licht des Antlitzes Jesu zu erleuchten! Mit diesem Frieden im Herzen möchte ich euch

und all eure Familienangehörigen grüßen. Auch ihnen möchte ich Dank sagen und sie umarmen, vor allem eure Kinder und besonders die Kleinsten!
Verzeiht mir! Frohe Weihnachten, und bitte betet für mich!

Ansprache an die Vatikanangestellten am 22. Dezember 2014

22. Dezember

Sich dem Kind nähern

Das ist Unentgeltlichkeit, das ist Liebe: Kinder werden schon vor der Geburt geliebt, so wie die Liebe Gottes uns immer zuerst liebt. Sie werden geliebt, bevor sie irgendetwas getan haben, um es zu verdienen, bevor sie sprechen oder denken können, sogar bevor sie zur Welt kommen! Kinder zu sein ist die Grundvoraussetzung, um die Liebe Gottes kennenzulernen, der die letzte Quelle dieses wahren Wunders ist. Der Seele eines jeden Kindes, so verwundbar sie auch ist, prägt Gott das Siegel dieser Liebe ein, die seiner personalen Würde zugrunde liegt, einer Würde, die nichts und niemand zerstören kann.

Heute scheint es für die Kinder schwieriger zu sein, sich ihre Zukunft vorzustellen. Die Väter haben vielleicht einen Schritt zurück gemacht, und die Kinder sind unsicherer geworden, ihre Schritte nach vorn zu machen. Wir können das gute Verhältnis zwischen den Generationen von unserem himmlischen Vater lernen, der einem jeden von uns die Freiheit lässt, uns aber nie allein lässt. Und wenn wir einen Fehler machen, dann begleitet er uns weiterhin mit Geduld, ohne dass seine Liebe zu uns nachlässt. Der himmlische Vater macht keine Schritte zurück in seiner Liebe zu uns. Nie! Er geht stets voran, und wenn er nicht vorangehen kann, dann wartet er auf uns, aber er geht nie zurück. Er will, dass seine Kinder mutig sind und ihre Fortschritte machen.

Der Seele eines jeden Kindes, so verwundbar sie auch ist, prägt Gott das Siegel dieser Liebe ein.

Die Kinder ihrerseits dürfen keine Angst haben vor der Aufgabe, eine neue Welt aufzubauen: Zu Recht wünschen sie, dass sie besser sein soll als jene, die sie empfangen haben! Das muss jedoch ohne Arroganz, ohne Anmaßung geschehen.

Man muss den Wert der Kinder anerkennen, und man muss die Eltern stets ehren. Das vierte Gebot verlangt von den Kindern – und das sind wir alle! –, den Vater und die Mutter zu ehren (vgl. Ex 20,12). Dieses Gebot kommt sofort nach denen, die Gott selbst betreffen. Denn es enthält etwas Heiliges, etwas Göttliches, etwas, das an der Wurzel jeder anderen Form der Achtung zwischen den Menschen liegt. Und in der biblischen Formulierung des vierten Gebotes wird hinzugefügt: „damit du lange lebst in dem Land, das der Herr, dein Gott, dir gibt". Die liebevolle Verbindung zwischen den Generationen garantiert die Zukunft, und sie garantiert eine wirklich menschliche Geschichte. Eine Gesellschaft mit Kindern, die ihre Eltern nicht ehren, ist eine Gesellschaft ohne Ehre; wenn man die Eltern nicht ehrt, dann verliert man die eigene Ehre!

Man muss den Wert der Kinder anerkennen, und man muss die Eltern stets ehren.

Das Leben wird jünger und bekommt Kraft, wenn es sich vervielfältigt: Es wird reicher, nicht ärmer! Die Kinder lernen, ihre Familie mitzutragen. Sie reifen, indem sie ihre Opfer teilen; sie wachsen in der Wertschätzung ihrer Gaben. Die frohe Erfahrung der Brüderlichkeit beseelt die Achtung und Sorge für die Eltern, denen unsere Dankbarkeit gebührt. Viele von euch, die ihr hier anwesend seid, haben Kinder, und wir alle sind Kinder. Wir wollen etwas tun: eine Minute schweigen. Jeder von uns soll in seinem Herzen an seine Kinder denken – wenn er welche hat –, er soll in der Stille an sie denken. Und wir alle wollen an unsere Eltern denken und Gott für das Geschenk des Lebens danken. In der Stille: Wer Kinder hat, soll an sie denken, und wir alle denken an unsere Eltern.

Der Herr segne unsere Eltern, und er segne eure Kinder.
Jesus, der ewige Sohn, der in der Zeit als Kind geboren wurde,
möge uns helfen, den Weg zu einer neuen Strahlkraft
der so einfachen und so großen menschlichen Erfahrung der Kindschaft zu finden.
Der vervielfältigende Aspekt der Zeugung
birgt ein Geheimnis reicheren Lebens aller,
das von Gott selbst kommt.
Wir müssen es neu entdecken,
indem wir uns dem Vorurteil widersetzen,
und es leben, im Glauben, in vollkommener Freude.

Generalaudienz am 11. Februar 2015

Vater der Barmherzigkeit

Auch der heilige Josef war versucht, Maria zu verlassen, als er merkte, dass sie ein Kind erwartete. Der Engel des Herrn griff jedoch ein und offenbarte ihm den Plan Gottes und seine Sendung als Nährvater: Und Josef, der gerecht war, „nahm seine Frau zu sich“ (Mt 1,24) und wurde zum Vater der Familie von Nazaret.

Jede Familie braucht den Vater. Heute sprechen wir über die Bedeutung seiner Rolle, und ich möchte mit einigen Worten beginnen, die sich im Buch der Sprichwörter befinden und die ein Vater an seinen Sohn richtet. Er sagt: „Mein Sohn, wenn dein Herz weise ist, so freut sich auch mein eigenes Herz. Mein Inneres ist voll Jubel, wenn deine Lippen reden, was recht ist“ (Spr 23, 15-16). Stolz und Rührung eines Vaters, der erkennt, dass er dem Sohn das vermittelt hat, was wirklich im Leben zählt, also ein weises Herz, ließen sich nicht besser zum Ausdruck bringen. Dieser Vater sagt nicht: „Ich bin stolz auf dich, weil du genauso bist wie ich, weil du die Dinge wiederholst, die ich tue und sage.“ Nein, er sagt ihm nicht einfach irgendetwas. Er sagt ihm etwas sehr viel Wichtigeres, das wir so auslegen könnten: „Ich werde jedes Mal glücklich sein, wenn ich dich weise handeln sehe, und ich werde jedes Mal innerlich bewegt sein, wenn ich dich mit Aufrichtigkeit sprechen höre. Das ist es, was ich dir vermitteln wollte, damit du es dir zu eigen machst: die Haltung, mit Weisheit und Aufrichtigkeit zu hören und zu handeln, zu sprechen und zu urteilen. Und damit du so sein kannst, habe ich dich Dinge gelehrt, die du nicht wusstest, habe ich Fehler korrigiert, die du nicht sahst. Ich habe dich eine tiefe und gleichzeitig zurückhaltende Liebe spüren lassen, die du vielleicht nicht in ganzer Fülle erkannt hast, als du jung und unsicher warst. Ich habe dir ein Zeugnis der Strenge und der Entschiedenheit gegeben, das du vielleicht nicht verstanden hast, als du nur Zustimmung und Schutz wolltest. Ich habe mich selbst als erster der Probe der Herzensweisheit stellen und das Übermaß der Gefühle und Ressentiments im Zaum halten müssen, um die Last des unvermeidlichen Unverständnisses zu tragen und die richtigen Worte zu finden, um mich verständlich zu machen. Wenn ich jetzt sehe", so der Vater weiter, „dass du dich bemühst, mit deinen Kindern und mit allen Menschen ebenso umzugehen, bin ich innerlich bewegt. Ich bin glücklich, dein Vater zu sein." Das sind die Worte eines weisen, eines reifen Vaters. Ein Vater weiß, wie viel es kostet, dieses Erbe weiterzugeben: wie viel Nähe, wie viel Sanftmut und wie viel Entschiedenheit. Aber was für ein Trost und was für ein Lohn ist es, wenn die Kinder dieser Hinterlassenschaft Ehre erweisen! Es ist eine Freude, für die sich jede Mühe auszahlt, die jedes Unverständnis überwindet und jede Wunde heilt.

Väter müssen geduldig sein. Manchmal kann man nicht mehr tun als warten: beten und mit Geduld, Sanftmut, Großherzigkeit, Barmherzigkeit warten.

Die erste Notwendigkeit ist also genau das: dass der Vater in der Familie präsent ist. Dass er der Ehefrau nahe ist, um alles zu teilen: Freude und Schmerzen, Mühe und Hoffnungen. Und dass er den Kindern in ihrem Heranwachsen nahe ist: wenn sie spielen und wenn sie sich anstrengen, wenn sie unbeschwert sind und wenn sie besorgt sind, wenn sie sich ausdrücken und wenn sie schweigsam sind, wenn sie mutig sind und wenn sie Angst haben, wenn sie einen falschen Schritt machen und wenn sie den Weg wiederfinden – ein Vater, der immer präsent ist. Wenn ich „präsent" sage, dann heißt das nicht „kontrollieren“! Denn Väter, die die Kinder zu stark überwachen, unterdrücken sie, lassen sie nicht wachsen. Das Evangelium berichtet uns vom Vorbild des Vaters im Himmel. Er ist der einzige, wie Jesus sagt, der wirklich als „guter Vater“ bezeichnet werden kann (vgl. Mk 10,18). Alle kennen das wunderbare Gleichnis vom „verlorenen Sohn“ oder besser gesagt vom „barmherzigen Vater“, das im 15. Kapitel des Evangeliums nach Lukas steht (vgl. 15,11-32): wie viel Würde und wie viel zärtliche Liebe im Warten jenes Vaters, der an der Haustür steht und darauf wartet, dass der Sohn zurückkehrt! Väter müssen geduldig sein. Manchmal kann man nicht mehr tun als warten: beten und mit Geduld, Sanftmut, Großherzigkeit, Barmherzigkeit warten. Ein guter Vater versteht zu warten und versteht zu vergeben, aus tiefstem Herzen. Sicher, er versteht es auch, entschieden zurechtzuweisen: Er ist kein schwacher, nachgiebiger, sentimentaler Vater. Der Vater, der es versteht, zurechtzuweisen, ohne zu entmutigen, versteht auch zu beschützen, ohne Mühen zu scheuen.

Ein Vater ist der Ehefrau nahe, um alles zu teilen: Freude und Schmerzen, Mühe und Hoffnungen.

Wenn es also jemanden gibt, der das Gebet des „Vaterunser“, das Jesus gelehrt hat, bis ins Letzte erläutern kann, dann der, der die Vaterschaft persönlich lebt. Ohne die Gnade, die vom Vater im Himmel kommt, verlieren die Väter den Mut und räumen das Feld. Die Kinder brauchen jedoch einen Vater, der auf sie wartet, wenn sie nach ihren Fehlern und Misserfolgen zurückkehren. Sie werden alles tun, um es nicht zuzugeben, um es sich nicht anmerken zu lassen, aber sie brauchen ihn; und wenn sie ihn nicht finden, dann öffnet es in ihnen Wunden, die schwer zu heilen sind. Die Kirche, unsere Mutter, ist darum bemüht, die gute und großherzige

Präsenz der Väter in den Familien mit allen Kräften zu unterstützen, denn sie sind für die jungen Generationen unersetzliche Hüter und Vermittler des Glaubens an die Güte, des Glaubens an die Gerechtigkeit und an den Schutz Gottes, wie der heilige Josef.

Generalaudienz vom 5. Februar 2015

24. Dezember

Er schließt wieder auf die Tür

Das Volk, das im Dunkel lebt, /
sieht ein helles Licht; über denen, die im Land der Finsternis wohnen, / strahlt ein Licht auf.
Du erregst lauten Jubel /
und schenkst große Freude. Man freut sich in deiner Nähe, / wie man sich freut bei der Ernte, / wie man jubelt, wenn Beute verteilt wird.
Denn wie am Tag von Midian zerbrichst du das drückende Joch, / das Tragholz auf unserer Schulter und den Stock des Treibers.
Jeder Stiefel, der dröhnend daherstampft, /
jeder Mantel, der mit Blut befleckt ist, / wird verbrannt, wird ein Fraß des Feuers.
Denn uns ist ein Kind geboren, /
ein Sohn ist uns geschenkt. Die Herrschaft liegt auf seiner Schulter; / man nennt ihn: Wunderbarer Ratgeber, Starker Gott, / Vater in Ewigkeit, Fürst des Friedens.
Seine Herrschaft ist groß /
und der Friede hat kein Ende. Auf dem Thron Davids herrscht er über sein Reich; / er festigt und stützt es durch Recht und Gerechtigkeit, / jetzt und für alle Zeiten. Der leidenschaftliche Eifer des Herrn der Heere / wird das vollbringen.

Jes 9, 1-6

„Das Volk, das im Dunkel lebt, sieht ein helles Licht; über denen, die im Land der Finsternis wohnen, strahlt ein Licht auf" (Jes 9,1). „Da trat der Engel des Herrn zu ihnen [den Hirten] und der Glanz des Herrn umstrahlte sie" (Lk 2,9). So stellt uns die Liturgie in dieser heiligen Weihnacht die Geburt des Heilands vor Augen: als Licht, das die tiefste Dunkelheit

durchdringt und sie auflöst. Die Gegenwart des Herrn mitten in seinem Volk nimmt die Last der Niederlage und die Traurigkeit der Knechtschaft und schafft Freude und Glück.
Auch wir sind in dieser Heiligen Nacht durch die Finsternis, welche die Erde umhüllt, zum Haus Gottes gekommen, aber wir waren geleitet von der Flamme des Glaubens, die unsere Schritte erleuchtet, und beseelt von der Hoffnung, das „helle Licht" zu finden. Wenn wir unser Herz öffnen, haben auch wir die Möglichkeit, das Wunder jenes Kindes zu betrachten, das wie die Sonne aufstrahlt aus der Höhe und den Horizont erhellt.
Der Ursprung der Finsternis, von der die Welt umhüllt ist, verliert sich in der Nacht der Zeiten. Denken wir an den dunklen Moment zurück, in dem das erste Verbrechen der Menschheit begangen wurde, als Kain, blind vor Neid, seinen Bruder Abel erschlug (vgl. Gen 4,8). So war der Lauf der Jahrhunderte gezeichnet von Gewalt, Krieg, Hass und Unterdrückung. Gott aber, der auf den Menschen seine Erwartungen setzte – er hatte ihn ja als sein Abbild und ihm ähnlich erschaffen –, er wartete. Gott wartete. Er hat so lange gewartet, dass er an einem bestimmten Punkt eigentlich hätte aufgeben müssen. Aber er konnte nicht aufgeben, er konnte sich selbst nicht verleugnen (vgl. 2 Tim 2,13). Deshalb hat er geduldig weiter gewartet angesichts der Korruption von Menschen und Völkern. Die Geduld Gottes. Wie schwer ist das zu begreifen: Gottes Geduld mit uns!

Wie schwer ist das zu begreifen: Gottes Geduld mit uns!

Den Weg der Geschichte hindurch offenbart uns das Licht, welches das Dunkel durchbricht, dass Gott ein Vater ist und dass seine geduldige Treue stärker ist als die Finsternis und die Korruption. Das ist die eigentliche Botschaft der Weihnacht. Gott kennt keinen Wutanfall und keine Ungeduld. Er ist immer da, wie der Vater im Gleichnis vom verlorenen Sohn, in der Erwartung, von weitem die Rückkehr des Sohnes zu erkennen – und das Tag für Tag, in Geduld. Die Geduld Gottes ...

Haben wir den Mut, mit Zärtlichkeit die schwierigen Situationen des Menschen neben uns mitzutragen?

Die Prophetie des Jesaja kündigt den Aufgang eines gewaltigen Lichtes an, welches das Dunkel durchbricht. Es wird in Betlehem geboren und aufgenommen von den liebevollen Händen Marias, der Liebe Josefs und dem Staunen der Hirten. Als die Engel den Hirten die Geburt des Erlösers verkündeten, sagen sie: „Und das soll euch als Zeichen dienen: Ihr werdet ein Kind finden, das, in Windeln gewickelt, in einer Krippe liegt" (Lk 2,12). Das „Zeichen" ist gerade die Demut Gottes, die bis zum Äußersten getriebene Demut Gottes; es ist die Liebe, mit der er in jener Nacht unsere Schwachheit, unser Leiden, unsere Ängste, unsere Sehnsüchte und unsere Grenzen angenommen hat. Die Botschaft, auf die alle warteten, das, wonach alle tief innerlich suchten, war nichts anderes als die Zärtlichkeit Gottes: Gott, der uns mit einem von Liebe erfüllten Blick anschaut, der unser Elend annimmt, Gott, der in unser Kleinsein verliebt ist.

Wenn wir in dieser Heiligen Nacht das Jesuskind betrachten, wie es gleich nach der Geburt in eine Futterkrippe gelegt wird, sind wir zum Nachdenken eingeladen. Wie nehmen wir die Zärtlichkeit Gottes an? Lasse ich mich von ihm erreichen, lasse ich mich umarmen oder hindere ich ihn daran, mir nahe zu kommen. „Aber ich suche doch den Herrn", könnten wir einwenden. Das Wichtigste ist allerdings nicht, ihn zu suchen, sondern zuzulassen, dass er mich sucht, dass er mich findet und mich liebevoll streichelt. Das ist die Frage, die das

Christuskind uns einzig mit seiner Gegenwart stellt: Lasse ich zu, dass Gott mich lieb hat?

Gehen wir noch einen Schritt weiter: Haben wir den Mut, mit Zärtlichkeit die schwierigen Situationen und die Probleme des Menschen neben uns mitzutragen, oder ziehen wir es vor, sachliche Lösungen zu suchen, die vielleicht effizient sind, aber der Glut des Evangeliums entbehren? Wie sehr braucht doch die Welt von heute Zärtlichkeit! – Geduld Gottes, Nähe Gottes, Zärtlichkeit Gottes.

„Herr, hilf mir, wie du zu sein; gib mir die Gnade der Zärtlichkeit, gib mir die Gnade, in jeder Not nahe zu sein.

Die Antwort des Christen kann nicht anders sein als jene, die Gott angesichts unseres Kleinseins gibt. Das Leben muss mit Güte, mit Sanftmut angegangen werden. Wenn wir uns bewusst werden, dass Gott in unser Kleinsein verliebt ist, dass er selbst sich klein macht, um uns besser zu begegnen, können wir nicht anders, als ihm unser Herz zu öffnen und ihn zu bitten: „Herr, hilf mir, wie du zu sein; gib mir die Gnade der Zärtlichkeit in den schwierigsten Lebensumständen; gib mir die Gnade, in jeder Not nahe zu sein, die Gnade der Sanftheit in welchen Konflikten auch immer."

In dieser Heiligen Nacht betrachten wir die Krippe. Dort hat es sich verwirklicht: „Das Volk, das im Dunkel lebt, sieht ein helles Licht" (Jes 9,1). Das einfache Volk hat das Licht gesehen; die Menschen, die bereit waren, die Gabe Gottes anzunehmen. Nicht gesehen haben es die Überheblichen, die Stolzen, diejenigen, die die Gesetze nach ihren persönlichen Maßstäben festlegen, die in ihrer Haltung verschlossen sind. Schauen wir auf die Krippe und bitten wir im Gebet die jungfräuliche Mutter: „O Maria, zeige uns Jesus!".

Christmette am 24. Dezember 2014